天下文化

BELIEVE IN READING

教育教養 EP010C

# 自主學習 決定未來

## 從陪伴孩子 到放手單飛的教養守則

洪蘭 著

# Contents 目錄

## 第二部 品格是學習的基石

Contents 目錄

## 第四部 新時代的教養態度

Contents 目錄

自序

# 適時陪伴，適時引導，還要捨得放手讓孩子去飛

洪蘭

家是人類群居的核心單位，維繫家庭基本功能的是倫理道德，當家庭功能不彰，父不父、子不子時，社會就會崩壞。

對孩子來說，家更是重要，假如一個孩子功課一落千丈，一般來說，不外三個原因：第一就是家裡出了問題，比如父母外遇離婚、破產、入獄；第二是在學校被人勒索，使他無心上課；第三是身體有病變。所以家庭是每個先進國家最重視的一環，它就像樹的根，本顧好了，樹就長大了。尤其現在腦科學家在大腦中找到了鏡像神經元，孩子一出生它就在運作了。孩子的品德是個耳濡目染、潛移默化內隱學習的歷程，所以父母親以身作則，是最有效的品德教養方式。

教養孩子是父母的天職，責無旁貸。孩子需要在一個安全的環境中成長，他的情緒才會正常發展。安全感是孩子情緒發展的基石，是第一個要被滿足的條件。

動物實驗發現，母水蚤若在水中聞到掠食者的氣味，牠生的下一代頭甲會比較大、尾刺會比較長；母蜥蜴在產卵時聞到蛇的味道，牠生下的小蜥蜴尾巴就比較長，以便斷尾求生。只要母親一感受到環境的不安全，就會馬上做出因應的改變，好讓下一代有求生的機會，這是演化登錄在牠的基因上的。年頭不好時，母鳥產的蛋也會減少，因為牠知道食物不夠了，所以動物時時刻刻都在感受環境的影響。

人對環境的變化當然更是敏感，同樣是五十五%遺傳性的精神分裂症，在貧民窟它的發生率就高於中上階級，環境可以影響到基因的表現（express），所以給孩子一個溫暖的家，是父母給孩子最好的禮物。

樹木需要陽光、水和空氣才能生長，孩子也是一樣，需要陪伴、關心和愛。其實事業和家庭相比較，是家庭比較重要，金錢可以再賺，童年一去不返，要珍惜跟孩子在一起的時光，那是金不換的。很可惜，大多數人聽不進，

「舉世盡從忙裡老，誰人肯向死前休」。沒有做對選擇，不僅是自己的損失，也會造成社會的負擔，很多拿刀濫殺無辜的人都是心中有恨，他們的心智沒有健全的發展，使人格產生偏差。

除了家庭喪失功能之外，台灣目前的教育只重智育、讓分數掛帥也是幫兇。功課不好的孩子，在學校和家中就被評得一無是處、不值得大人青睞。這種被鄙視的經驗，使得本來可以有所為的孩子自暴自棄，甚至為非作歹，來引起大人的關注。

父母忙著賺錢也忽略了基本的品德教育，今年三月學運，我看到受過高等教育的大學生隨便翻別人的抽屜、看別人的信件、吃別人的東西、恣意破壞不屬於他的物品，心中很是著急。這是教育的危機，一葉知秋，我們十二年的基本教育怎麼教出這樣的下一代？這些人將來要肩負我們的養老金，是國家未來的棟樑，怎麼這麼沒有規矩？我們是哪裡出了錯？

多年前，香港人曾經批評新加坡人服務不好、沒有服務的ＤＮＡ（這表示：我要教你，你都沒有能力學，因為沒有這個基因）。當時，新加坡群情激憤，揚言杯葛香港，獨李光耀沒有動怒，他冷靜的說：「漏氣不會死，沒氣才會死（此句請用台語唸），唯有深度自我期許的社會才會樂於檢討，唯有檢討之後，積極有效的行動才會使自己進步。」於是他聘請外商顧問公司來找出新加坡服務的毛病，全國勵精圖治，三年內，新加坡航空公司登上全球服務最好的名單。

人只有接受批評才會改進，不肯面對事實只會自取滅亡，台灣目前不乏批評，缺的是像前亞都飯店嚴長壽總裁那樣，捲起袖子，投身去做的人。孔子說：「往者不可諫，來者猶可追。」我們不能再浪費寶貴的時光空談了，孩子一天天在長大，時不我予，讓我們從現在開始，每個人把自己的孩子教好，把自己的工作做好，當大家都在崗位上盡他的本份時，社會自然會變好。

要改變行為，需從大腦的觀念著手，因為大腦產生觀念，觀念引導行為，行為產生結果後，會改變大腦。

但人是固執己見的，觀念不是那麼容易改，它幾乎要經過一個世代不停的努力，才會見效。韓愈說：「化當世莫若口，傳來世莫若書。」人的生命有限，接觸的範圍也有限，但是文字卻能超越時空的限制，無遠弗屆，因此當天下文化願意把我平日所寫的親子教養專欄整理出版時，我很高興，希望能提供父母一本比較科學性、從孩子大腦發展的歷程來看的教養書。

這本書分成四個部分，第一部分是常見到的親子預期有落差，「當我的期望不同於你的選擇」時，該怎麼辦？有一個很有趣的對話，可以讓我們明瞭，為什麼人類歷史永遠不乏親情和愛情衝突所造成的悲劇：

女兒問爸爸：什麼是愛情？
爸爸說：愛情就是爸爸什麼都沒有，媽媽依然嫁給了爸爸。
女兒又問：那什麼是親情呢？
爸爸說：親情就是媽媽絕不會讓你嫁給一個什麼都沒有的人。
女兒又去問媽媽：什麼是愛情？
媽媽說：愛情就是爸爸什麼都有了，依然愛媽媽。
女兒又問媽媽：那什麼是親情呢？
媽媽說：親情就是爸爸絕不會讓你嫁給一個什麼都有卻不愛你的人。

我們馬上看到父母的矛盾，年輕人會為了愛情嫁給貧無立錐之地的人，只要他有才華。但是父母即使是自己當年結婚也是鬧過家庭革命的，仍然會反對孩子嫁給一個什麼都沒有的人。因為父母在婚後嚐到了愛情不能當麵包的苦頭，因為愛孩子，不願孩子重蹈覆轍，便堅決阻攔女兒嫁窮光蛋了。

曾經有個媽媽對她女兒的男朋友說：「去考高考，考上了是績優股，考不上是雞屁股。」大家驚訝於父母的勢利眼，卻忘記了他們是過來人，知道一文錢可以逼死英雄漢，自然就盡力阻止孩子吃苦了。曹雪芹說：「女人未結婚前是珍珠，結了婚就變成魚眼睛了。」說起來，誰願意做魚眼睛呢？現實和理想是有距離的，父母受到生活的磨練就不由自主的往現實靠攏了，所以能像黃春明那樣八十歲還保有赤子之心是不容易的。唉！人是老得太快、成熟得太慢，尤其孩子是無法催熟的。

年輕的可貴就在他們還未被世俗所污染，有夢想，敢去試前所未試過之事，人類的文明常因年輕人的冒險而進步；但是老成持重也是必要的，因為人每天還是得過日子，沒有老人的世故，年輕人就要挨餓了。兩者必須平衡，這雙邊的拉扯就替文學家創造出很多可歌可泣的題材。

所以不管時代怎麼進步，理想和現實的拉鋸戰不會停止，對父母而言，最好的忠告是放手。人生很多經驗沒有自己去試過，不了解，也不甘願，即使是個火坑，他要往下跳，你也只好由他，因為反正攔不住。這時你要告訴孩子：「你想出來時，喚我一聲，我拉你出來。」這樣親子的關係不會破裂，孩子也不會去走絕路。人生本來就沒有都是康莊大道的，走些冤枉路並無妨，只要不毒、不賭，就當作是繳學費罷了。

不過，在人生的路上，品德比學識重要。品德是決定一個人一生成敗的因素，才是德之資，德是才之帥，世上事，千難萬難，最難還是做人難。

職場的第一個倫理是敬業，只要做一天的和尚就要撞一天的鐘，中國那句老話「人在做天在看，天公疼憨人」是沒有錯的，許多時候勤奮一點，自己的事情做完了，把手伸出來去幫助別人，一方面從做中學，另一方面，累積人脈。老闆的眼睛也是雪亮的，誰在做、誰在偷懶，沒有不知道的，「會做、肯做、主動去做」是成功的祕訣，所以勤儉一直是中國的美德，勤能致富，儉則無匱。

學習的最終目的是學以致用，希望將來出社會能發揮所長，一展人生的抱負，孩子在青春期時所看的書，會影響他對國家民族的認同和人生的理想抱負，所以這個時候的教育應該強調正確的價值觀和人生觀。請告訴孩子：大丈夫行事，論是非，不論利害；論逆順，不論成敗；論萬世，不論一生。南宋謝枋得在《與李養吾書》中說：「人可回天地之心，天地不可奪人之志。」就是這個道理。

有一次，我在湖南跟四川交界的深山裡，看到一所殘破的小學，圍牆外面用白漆寫著：「把忠心獻給國家，把愛心獻給社會，把關心獻給他人，把孝心獻給父母，把信心留給自己。」這幾句話看得我如雷轟頂，在深山中竟有這樣的教育理念，令人敬佩校長的用心，其實這就是教育的目的。

最後一部分是新時代的教養態度。時代不一樣了，社會對孩子的要求也不一樣了，父母教養的態度和觀念當然也要隨之改變。在科技整合的時代，孩子是用長處去跟別人競爭，請讓他發展他有的能力。彼得・杜拉克（Peter Drucker）說：「重要的是有什麼能力，而非缺乏什麼能力。」多去看他有的能力，自己心情也會好，不會整天怨嘆為什麼孩子不如別人家的，要知道孩子身上是你的基因，你跟別人不同，他當然也跟別人不同，人跟人是不能比的。

教育最終的目的是教出國家可以用的人才，為生民立命，為天地立心，為往聖繼絕學，為萬世開太平，如此而已。教育是國家的立國大本，現在不做，不是以後會後悔，而是根本沒有以後了。

今年適逢我父親百歲冥誕，他常告誡我們「夙興夜寐，無忝爾所生」，謹以此書獻給父親，感謝他對我的教誨，希望我沒有讓他失望。

第一部

# 當我的期待，遇上你的選擇

為人父母者，都期待孩子積極學習、成龍成鳳，
其實從大腦實驗上就可以看出，
每個孩子的天生資質、學習進展都不同，
與其賣力推著孩子前進，不如瞭解他們的天賦所在，
順著孩子的天性扶持成長。
少一點焦慮與期待，多一些瞭解與尊重，
給孩子空間去思考與選擇，才會有超乎期待的下一代。

# 01 多點尊重，少點比較

朋友有三個兒子，兩個在英國的牛津與劍橋讀書，現在老三高中要畢業了，父母想送他去英國唸大學，有哥哥照顧，比較放心。但是老三不肯，堅持要去美國，父母怎麼勸都不聽，只好要我約他出來喝下午茶，一問究竟。

## ♥當孩子有自己的想法

想不到一坐下來，茶都沒點，他就單刀直入告訴我：他不想去英國唸書，因為不想活在哥哥的陰影下。從小被媽媽拿來跟哥哥比，比了十八年，已經夠了，不想再過這種生活。

我問他為何不跟家裡明講，他說，講實話怕父母傷心。這是他的一片孝心，但是父母不知道實情，拐彎抹角找人打聽，心操得不會比較少。他年輕，沒有了解他的孝心反而是為德不卒，誠實還是做所有事最好的態度。

我再問他：「美國人生地不熟，離鄉背井的，不怕比較辛苦嗎？」他說：「辛苦怕什麼，心靈的平靜比物質重要。」一個高中生能說出這種話來，表示他成熟了，有自己的想法了。我放心的說：「走，不必喝下午茶了，我們去誠品找些好書，讓心靈更充實一點。」

回家後，我卻很感慨，朋友是全職媽媽，每天在家照顧孩子，無微不至，如果父母愛子女，子女也孝順父母，為什麼還會有這麼大的隔閡呢？現代親子溝通的困難在哪裡？我百思不得其解，直到遇見另一位朋友才恍然大悟，假如愛的方式不對，愛會變成不可承受的壓力。

## ♥ 愛，讓人窒息

朋友在先生去世後，與她三十七歲尚未成家的兒子同住。她兒子很孝順，下了班立刻回家，很少去外面應酬，非常細心照顧母親的飲食起居，常買補品、帶母親愛吃的零食回家，大家都很慶幸她老了有所依靠。

但是有天我去看她時，她緊拉著我的手，好像溺水的人拉緊浮木一樣說：「你看我是怎麼了，天一黑我就緊張，緊張到手心冒冷汗，孩子一回來，我就覺得要窒息。」

我正覺得奇怪時，她兒子回來了，看到我，很高興宣布今晚他請我上館子吃去。

我們要出門時，朋友開始找眼鏡、找飯後的藥，這時她兒子發話了：「妳是怎麼搞的，告訴妳多少次了，東西要有固定地方放，妳總是不聽，每次出門都要找東西。妳看看，每天浪費的時間不知有多少！」我看到朋友畏縮起來，像個做錯事的孩子在等挨罰。

我了解了，她害怕兒子的指責，又改不過來積習，所以一看見兒子發火就惴惴不安。她知道兒子回家後挨罵是逃不掉，只是不知道什麼時候要挨罵，就更緊張了。

## ♥愛一個人，不可以使他對你害怕

在老鼠實驗上，如果無預警的隨機去電老鼠，這組老鼠，會比鈴聲響、電才來的有預警組的老鼠學得慢，死得早。「愛之深，責之切」是很多人指責別人時用的理由，卻不留心責之切時，會得到的反效果。

父母請不要把孩子相比較，這只會傷孩子的心，造成兄弟鬩牆；子女對父母講話更要敬，孔子說：「不敬，何以別乎？」父母老了，孩子長大了，角色換過來了，但是對父母的尊敬之心，不能因為現在是你養他們而有所差別。

愛一個人，就不可以使這個人對你害怕，若是害怕了，立意再好也是枉然，不但徒勞無功，還會生怨，不可不慎。

# 02 讀很多書好，還是反覆讀一本書好？

我去一所小學演講，結束後，有位家長堅持送我去搭高鐵，我想恭敬不如從命，便上了他的車。上車後，才知道高希均教授說的沒錯，天下沒有白吃的午餐。原來他跟他太太在管教孩子上有矛盾，希望我做仲裁。

這位望子成龍的父親，孩子才在讀幼稚園，便買了很多的繪本童話，要他太太每天唸一本給兒子聽，還三不五時，查看讀了多少本。但是孩子不想讀很多不同的書，他只想讀一本書，因此每天晚上挑書時，孩子就拿他要的那一本給他媽媽唸。

母親則覺得只要有讀，讀什麼其實沒有太大關係，而且孩子喜歡最重要，哭鬧反而破壞學習的氣氛，所以她會順從孩子的心意，重複唸給他聽，有時還會自己編故事，母子兩人比賽編故事，快樂得很。

但是爸爸不高興了，他認為孩子小，可以強迫，不是什麼都要順著孩子，妻子是姑息養奸，誤了孩子前途。兩人為此爭吵不休，所以今天盼我來公斷。

## ♥學得廣，也要學得深

說起來，這是很多父母的迷思，大人覺得既然閱讀對孩子好，幫助他大腦發育（文盲和識字者的大腦在結構上有所不同），就應該盡量讀多本故事書給他聽，讓孩子接觸到愈多的生字、愈多的刺激愈好。如果孩子願意，這麼做當然沒有問題，但是一種米養百種人，每個孩子不同，有的孩子要把一本書讀得滾瓜爛熟，才會換另一本，這種方式也沒有錯。

從大腦的發展來看，一個是求神經元連接的廣，一個是求神經元連接的深，兩者其實都是必要的學習歷程，只不過在初學時，神經連接的深是在打根基，根基穩，才容易在上面蓋大樓。

大腦對學過的東西有「類化」（generalization）的本能，可以從很多不同的刺激中，找到相同之處，歸納得出原則；也可以從熟悉的知識中，演繹到別的刺激上頭。它們最後都會達到閱讀的門，只是殊途同歸罷了。

所以，父母花大錢，把市面所有繪本童話買下來給孩子讀，其實是不必要的（我知道甚至有父母放一筆錢在出版社，只要出新書就寄來家裡）。

大多數孩子會把一本書一看再看，看到讀給他聽的大人都要抓狂了，他還是要讀那一本書。孩子本來是喜新厭舊的，會同一本反覆看，是因為他有此需要。

大人在讀書給他聽時，他在重新修改他的知識架構，比如說，今天比昨天多了些新經驗，這個新經驗，促使了原來沒有相連的神經迴路連接在一起，所以今天的背景跟昨天不一樣了。因此，今天媽媽再讀同樣的內容時，這個字所觸發的感覺和意義，就跟昨天的不一樣，他又學到了新東西。

孩子天生是愛學習的，學到新東西的快樂，會促使他繼續學習，因此不必強迫他非要怎麼做不可。

## 讓孩子教會自己

小孩子是天生的科學家，會思考，下結論，作預測，尋求解釋，甚至會做實驗，例如他會故意把湯匙丟到地上，看所使的力、丟的速度有沒有造成差別。

對喜歡讀過一遍又一遍的孩子來說，大人每一次閱讀的發音、肢體語言，都在幫助他重新確定一次讀音、意義和用法⋯⋯，其實，孩子早就把故事背會了，他只是要再確定而已。

我以前唸書給我兒子聽時，有時偷懶，跳過中間一小段不想唸，他馬上把我的手抓回來，放到我漏掉的地方，要我補唸。這表示他不但知道我漏唸（跟他腦海中已儲存的順序不合），也知道這一段應該在書的哪裡，代表他已經會閱讀了。所以很多老師才會說：「我沒有教孩子閱讀，是他教會他自己的。」

我們大人常忽略內隱學習（implicit learning，註）的重要性，以為一定要一

註
記憶分內隱（implicit）和外顯（explicit）兩種，內隱記憶為自動化，會直接儲存在神經連接的突觸上，不需花什麼大腦資源；外顯記憶則要特別努力去記住。

個字一個字教他才會閱讀，其實，孩子自己所學會的，才是更牢固、更長久的，因為那是情境的閱讀，不是切割出來的生字。

所以我告訴這位父親，請依孩子喜歡的方式做，他只有喜歡，才學得進去，有些繪本畫得再好，他不想看也是枉然。

若是父母自己編故事，孩子就更喜歡聽了，因為呼應到他本身生活經驗的故事，最能啟發他。其實，品德教育用這種方法是最有效的。

萬丈高樓平地起，孩子只要肯看書，有在學，快或慢都沒關係，就像高速公路塞車，只要有在移動，都能到達目的地，不必強求一定的方法。

# 03 平常心看待孩子的喜好

最近有讀者問我，她幼稚園的孩子整天只迷戀一種東西，玩車、畫車，看汽車影片或動畫、看車書、說車的故事。父母該充分滿足他的需求，並幫助他把興趣挖深，還是用其他的事物來轉移其注意力？

其實，很多孩子都有這個現象，父母不必太憂心。美國有個很有名的專欄作家大衛・貝里（Dave Barry）就曾說過，他的兒子兩歲時，迷戀汽車，非車不悅。他們去紐約度假時，孩子不顧下著傾盆大雨，一定要站在街角看著熙來攘往的各式汽車，不肯離去，他只好撐傘陪他在紐約街頭站了四小時，讓他看個夠。他很驚訝的是，這麼小的孩子對車型、種類就辨識得清清楚楚，連他都分不出來的車子，孩子已正確無誤的大聲喊出來了。

## ♥父母的觀念決定孩子的前途

又如美國幼兒園左右的孩子都喜歡恐龍，他們對恐龍的各種習性，吃草的、吃肉的，都瞭如指掌；恐龍的英文名字又臭又長，但孩子背得滾瓜爛熟。

我記得我兒子在四歲左右時，整個房間貼滿了恐龍的圖片，他玩也畫各式各樣的恐龍，他穿恐龍T恤，學恐龍走路、吼叫，他的同學也是如此。大約熱到進小學後，才慢慢退燒。當我妹妹的孩子進幼兒園時，他也跟我兒子一樣瘋恐龍，他們叫得出名字的恐龍，我是一個也不認得。

二十年後，有一次過年大掃除，我在書櫃後面發現一個兒子小時候玩的暴龍。我交給他，他有點不好意思的收下，說：「以後給我的兒子玩。」所以父母不必太緊張孩子只玩一種玩具，只有當他有別的不正常行為出現，比如避免與別人眼睛接觸、用頭撞牆、不說話，也不懂別人臉上表情時，才要擔心。

父母若以平常心帶孩子，以正常的眼光看待，他便會正常成長；父母若老是認為孩子有病，懷疑他不正常，這孩子將來必不正常，有道是「父母的觀念決定孩子的前途」。

曾經有個孩子因為早產，發育不良，吃奶後，肚子裡常有空氣，哭個不停，所以這個媽媽養成了每天問孩子今天肚子痛不痛的習慣，久而久之，這孩子就認為肚子應該要痛，肚子就痛起來了。尤其學校考試時，他肚子必痛，老師覺得奇怪，為什麼不考試就不痛，一考試就痛，問來問去，最後才發現原來是母親從小擔心，問個不停的關係。心理學上有個「自我實現」（self-fulfillment）的現象，你若覺得你是怎樣，久而久之，你就變成那樣了。

## ♥ 帶孩子要像種樹一樣

那麼該怎麼帶孩子才好呢？我認為柳宗元的《種樹郭橐駝傳》，是最好的育兒指引。郭橐駝是個很會種樹之人，他所種或移栽的樹沒有不活的，人家問他祕訣，他說，他並沒有什麼特殊的方法，只是順著樹的天性去做而已。

他說種樹時，根要舒展，要用舊土包著，土要均勻，四周塞緊，種下去後就不要去動它，不可時時挖起來看長了多少。放在那裡，讓它自然生長，就會長得很好了。各位家長不妨把這篇文章找來一看，它的道理，到今天仍是很對的。

# 04 別急著塞知識給孩子

某日下課走路回家，忽聽得有人呼喚我「洪阿姨」，我四處張望，找不到人，抬頭看，原來是朋友的兒子小強，正在樹上一臉得意咯咯笑。

我不禁笑罵道：「你這個摔不怕的小強，上次摔斷手的痛，怎麼這麼快就忘了？」他從樹上跳下來抗議：「不要叫我小強，我不是蟑螂。」隨後又自豪的說：「我比蟑螂還厲害，我是打不死的××強。」不知怎的我馬上想起元朝關漢卿，說他自己是個「蒸不爛、煮不熟、搥不扁、炒不爆，響噹噹一粒銅豌豆」那句話。

男孩真的就像顆銅豌豆，不但蒸不爛、煮不熟，還講不聽；你叫他不要爬樹，警告掉下來會摔斷脖子，話沒說完，他又上樹去了。他們愛冒險，正因為冒險是件危險的事。

研究發現，男生和女生對危險的反應不同，女生在被警告這是個危險的事後，會馬上縮回手不敢去碰；男生不警告還好，一旦知道那是個危險的事，就會千方百計去做。

千百年來父母都不解，一樣是自己生的，自己帶的，男生女生為何有這麼大性格上的差別？後來才發現原來這是大腦的關係。

## ♥大腦發展女快男慢？只是順序不同

在胚胎初期，大腦大量生長細胞時，男生大腦中的Y染色體，會使神經細胞大量往掌管攻擊性（aggression）和性（sex）的大腦區域生長，同時減少語言區域神經細胞的生長；若是沒有Y染色體的話，這個胚胎是個女生，顳葉語言區的細胞會比較多。大腦這部分的差異，在胎兒時期就可以看到。

出生後，女生跟男生不只大腦的結構不一樣，連成熟的順序都不同：在掌管語言和精細動作部分的大腦，女生比男生早熟六年，這正是為什麼幼兒園的女生，已經可以口齒伶俐向老師告男生的狀了，而男生卻連話都還講不清楚。在小的時候，一年的差別就很大，何況六年！

不過，男生的腦也不是一無是處。男生大腦中掌管空間記憶和目標的部分，比女生早熟四年。他們對地點的描述不很在行，卻清楚記得空間的位置。男生最喜歡說的一句話就是：「我帶你去。」他們可以七彎八拐，把你帶到你要去的地方，卻無法像女生一樣說：「你看到××小學就右轉，那是我的學校，然後看到○○時要左轉⋯⋯。」這些差別都是天生的。

還有個實驗，是讓四歲左右幼兒園的小朋友，站在一個粉筆畫的圓圈外面，把球投進圓圈中央的籃子裡。結果，幾乎所有男生都投得比女生準。他們才四歲，不太可能是後天練習的關係，所以研究者認為男生先天在這方面的能力比女生強。

他們下結論說：「男女生大腦中，語言、空間記憶、運動協調及與別人相處能力的發展是不同順序，不同時間，不同進度的。」打破了過去我們認為「男生與女生的發展一樣，只是慢一點而已」的觀念。

## ♥ 孩子準備好開始學習了嗎？

這些大腦發展方面的研究帶出一個重要的問題，就是幼兒園究竟應該教些什麼？

在我小時候，幼兒園是去玩、去吃點心的地方，我們不必坐在椅子上寫字，因為那是一年級才學的事。假如家中兄弟姊妹很多，父母會覺得不上幼兒園也沒關係，反正去上學只是去學如何跟別的小朋友相處。想學習如何相處，自己家中的兄弟姊妹就可以提供了。

那時上幼兒園的目的，是讓孩子學習團隊生活，為將來進小學作準備。但是現在不一樣了，現在的幼兒園在做一年級的事——教孩子認字和數數。這種提早教學對男生不利，因為他們寫字所需的小肌肉還未發展完全，在精細動作上不及女生，會被嘲笑。太早學，讓上學變成一件痛苦的事，孩子會因此不愛學習。如果他不愛學習，怎麼會有良好的學習成績呢？

我們過去都有錯誤的觀念，認為愈早教，愈能增強孩子的學業表現，其實不一定，要看這孩子是否「準備好了」（ready）。若還未準備好，早教反而會害了他，使他以後痛恨學習。

人生路很長，不急著在小時候把所有知識塞給孩子，尤其有些孩子開竅慢，這種每天都覺得自己不如人家的感覺，是很痛苦的。

其實男生晚一年入學沒有關係，等到他六十歲時，他是二十二歲大學畢業或是二十三歲大學畢業，早已沒有任何差別。但是從小覺得自己不如別人的自卑感，卻足以傷害孩子的一生。

男生、女生的大腦發展不同，我們要正視這個差異，接受它，並用適合他的方式來教養他，不要再將他們比來比去。

# 05
# 男女天生大不同

有許多父母想知道，有沒有關於男孩比較難管的大腦證據？有，不但有，而且相當多。男孩女孩在大腦結構上不同：女孩連接兩個腦半球的胼胝體（Corpus Callosum）比較厚，男生在下視丘的神經核ＩＮＡＨ（Interstitial Nuclei of Anterior Hypothalamus）比女生大了二點五倍，假如這個男生是同性戀，他的ＩＮＡＨ就跟女生一樣大。

在做同一件事時，雙性戀者跟同性戀者在杏仁核的活化有所不同，男雙性戀者活化的形態（pattern）跟女同性戀者很相似；女雙性戀者跟男同性戀者很相似。當大腦有結構上的不同時，它一定會帶來行為上的不同，所以教養男孩與女孩的方式應該有所調整。

## ♥女孩重溝通，男孩重競爭

女嬰在出生後一直到兩歲，卵巢都會分泌雌激素，所以女生比男生早熟，她們的觀察力、溝通能力和同理心都比男生強，在小學六年級以前的班長多半是女生，要等到青春期開始，男生成長的曲線趕上來後，才會輪到男生。

雌激素使女生把注意力集中在情緒和溝通上，而睪酮素使男生不愛說話，專注在競爭上。研究發現，男生每天平均說七千個字，女生是二萬個字，因此太太抱怨先生回到家都不說話，而先生抱怨太太喋喋不休，因為先生在辦公室已經把七千個字講完了，而太太在先生回家後，才剛開始要說她的二萬個字。

研究也發現，女嬰出生三個月後，就會開始搜索和辨識面孔，跟人眼睛接觸的能力增加了百分之四百，而男嬰沒有增加。有人說女生適合做人事室主任，因為女生善體人意，且聽力比男生敏銳。實驗者給六十名新生男嬰和女嬰聽一千五百赫茲的聲音，結果發現女嬰大腦的反應比男嬰高了百分之八十，表示女嬰聽的比較清楚。

## 男生喜歡冒險是天性

男生比較喜歡冒險，也欽佩敢冒險的人。

有個實驗是請大學生到實驗室擲套圈圈的遊戲：以地板中央的柱子為圓心，用白線畫出一呎、二呎、三呎距離的圓周，學生可以自由選擇站的位置。女生多半選一呎或二呎的距離，以確定投中；男生會選五呎或六呎，遠一點才有挑戰性。

在第二輪開始後，有個跟這個大學生同性別的人進來參觀，這時女生的距離不變，男生會馬上退到更遠的地方去擲，其實，他完全不認得這個旁觀者，以後也不會再看到他，但是男生還是要逞英雄。

一般來說，男生會系統化的高估自己的能力，而女生多半是低估，男生不會因為上次跌破了頭，這次就不再去爬樹。男生受傷後也不會回家去告訴父母，男生會做出危險的行為，主要原因就是因為它是危險的。

如果問男孩是否比較難管，這答案是肯定的，原因在他的大腦與女生不同，所以不要把男生跟女生比，也不要把自己的孩子跟別人比。

# 06 不是每個孩子都想成為音樂家

音樂是人類最原始的語言，人對音樂的喜好是天生的，不論男女老幼，聽到悅耳的音樂都會不由自主微笑，連動物都會「百獸舞於庭」。而大腦對於噪音和樂音的反應也不同。

胎兒在七個月大時便能聽到聲音，但是無法聽聲辨字，因為「pin」和「bin」是兩個不同的字，泡在羊水中的胎兒聽不出來p／b這個微小的差異。

那麼，胎兒對在子宮中聽到的音樂有記憶嗎？

德國有個年輕的指揮家在練習一首全新的作品時，突然發現他可以預測下一個音，但是他非常確定自己從來不曾聽過這首曲子。他嚇壞了，以為自己的大腦出了問題，便去問他的母親。

他母親是位大提琴家，沉思了一下後，叫他放心。她想起自己在懷他時，正好在練這首曲子，大提琴就靠在她的肚子上，所以他對這首曲子很熟悉，是因為當時每天聽到的關係。

雖然這只是個逸事（anecdote），但是理論上是可能的，因為孩子小時候的學習是內隱的學習，即不需教就會，如母語的習得。加上大腦喜歡熟悉的東西，因為不需要多花資源去處理它，所以父母親的確可以影響孩子對音樂的喜好。

## 學音樂可以開發右腦？

很多醫生鼓勵孕婦用音樂來放鬆心情，正因為它就是最好的胎教，母親心情好、不緊張，就不會產生對胎兒大腦發展有害的壓力荷爾蒙（Cortisol）。

不過母親不必特意去聽莫札特的音樂，因為最近的實驗已經證實沒有「莫札特效應」這回事，這是個迷思。

坊間有一些開發大腦的課程，慫恿父母送孩子去學音樂，說是開發右腦對孩子的邏輯空間能力和聽力有利。但在實驗上沒有證據顯示，學音樂的孩子數學邏輯、空間和聽覺比別人好。很多音樂家的數學並不好，也沒有特別的邏輯能力。大腦應該要均衡發展，順其自然，揠苗助長反而有害。

有音樂天賦的人，他們的音感的確比別人強，一學就會，因此順其自然，他會成為音樂家。但是在實驗上也看到，即使沒有天分，苦練一萬個小時，也能成為音樂家，大腦會因為練習而改變神經的連接。只是強迫孩子去做他不擅長的事，會造成孩子痛苦。人生路很長，不是每一個人都得成為音樂家，只要有欣賞的能力就好。

父母常有迷思，以為聰明就一定成功，其實成功的條件很多，聰明還排在毅力之後，倒是看到很多聰明的人不快樂，反而白走了一生。

音樂陶冶性情，是怡情養性的好方法，父母不必太功利，什麼都想到對他大腦的好處。

其實童年期的安全感是大腦發展最重要的因素，恐懼會減少掌管記憶的海馬迴神經細胞的數量，並使神經之間的連接稀疏。孩子只要正常的遊戲，他的大腦便會發展得很好，遊戲對孩子大腦發展的重要性，遠大於送他去學才藝。

孩子對音樂有興趣，父母可以栽培他，若沒有，不必打鴨子上架、強迫他，反而是培養他的人格和情操，提昇他對藝術欣賞的水準，對他將來更為有利。

坊間有許多開發大腦的迷思是沒有實驗證據的，父母不可愛之反而害之。

# 07
# 愈大聲愈聽不懂？

有讀者來信，問了我一個很有趣的問題：「大聲斥責孩子有用嗎？」看到這句話，我腦海中立刻浮現出大人一手扠腰，一手指著孩子，河東獅吼的影像，不禁好笑起來。

大聲斥責是最常見的中國式管教法，但是很不幸的，這種方法不但沒效，而且愈大聲愈沒效果。

若是常常罵，即使聲音大到震耳欲聾，也沒用了，因為「入鮑魚之肆，久而不聞其臭」，不是聽不見，而是「充耳不聞」，他根本沒在聽。

## ♥說給他聽，不如做給他看

人的大腦有個特性，對習慣性的東西常常視而不見，聽而不聞，例如住在鐵路旁邊的人家，一開始會被火車聲吵得睡不著覺，不久就習慣了，睡得一樣香甜，但是偶爾到鄉村去渡假時，反而會因為太安靜而睡不著。

這是因為我們大腦的資源有限，它無法不停的注意所有進來的訊息，所以會依過去的經驗，設立優先處理的順序：比如說，動的比靜的順序高，快的比慢的順序高，新奇的比熟悉的順序高。因為大自然通常不會給你第二次機會，所以大腦會特別注意可能會危害你的訊息。

因此，當父母第一次大聲責罵時，孩子常會嚇到哭，但是次數一多，他就習慣了，注意力就游離，耳朵就聽而不聞了。所以管教孩子要言出必行，說到做到，威脅的次數多了，就沒有效了。

人有好奇心，愈是聽不清楚的，愈會注意去聽，例如偷聽別人說話時，別人的聲音那麼小，我們卻能一字不漏聽進去，因為大腦把所有的資源都調派去做聽的工作了。

因此，要孩子注意聽你說話，不必大聲吼，只要引起他的動機，你愈不要他聽見，他愈會注意聽。

其實最好的溝通方式是身教，因為太小的孩子還不能說理，只有大人做給他看時，他自然會學進去。

責罵的壞處是他一緊張，大腦會自動轉入逃生的機制，交感神經替代了原來的副交感神經，使他的瞳孔放大、心跳加快、手心出冷汗、膀胱失禁。這時，他所有的注意力都放在如何逃過一劫，父母就白費脣舌了。

## 站在孩子的角度看事情

另外，要找出孩子犯錯的原因，從源頭下手，把原因除去。

我們最常看見的是孩子講不聽，叫他不要他偏要。這時，父母不妨蹲下來，從孩子的角度去看一下他為什麼這麼著迷，知道了原因，你就不會生氣。

孩子若是從小好好教，其實不必常常大小聲責罵，大人要記住一點，就是不要引人入罪，若不要孩子吃糖，請把糖拿走，不要放在他面前又不准他吃。

在神經學上，要改變一個行為最好的方法，是用你要的行為去取代你不要的行為。也就是說，不要只說「不可以」，請指出一條可以的路來給他走。

大腦好像一個大草原，上面已有一條從A到B的路，如果你不要他走這條路，你要先牽他的手走另一條也可以到B的路，走久了，新路的草踩扁了，路自然走出來了；而舊路許久不走，草長出來，就看不見了。好習慣就是這樣養成的。

最後，大聲責罵孩子還有一個後遺症：模仿是孩子的天性，你大聲吼他，他將來在外面也大聲吼別人，這會使他沒有人緣，交不到好朋友，以後人生的路會很孤寂，而且你吼他，他以後會去吼你的孫子。

# 08 多陪孩子說說話

有讀者來信問道，常聽人說「貴人語遲」，說話晚的孩子是不是小時候受邏輯思維的影響較少，使他能更好地發展感覺，更能感知這個世界？另外，遲多久，就真遲了？

我不知道這句完全沒有科學證據在內的話，是怎麼來的。從來沒有任何實驗顯示孩子說話晚，他對這個世界的感知就比較好。

若沒接到讀者的來信，還真不知道坊間偽科學如此氾濫，像這種似是而非的理論竟有這麼一大堆。

## ♥說話早晚是天生的，模仿發音是後天刺激的

孩子說話的早晚跟他的基因有關，也就是說，孩子如果說話晚，家族中一定也有人是說話晚的，這是遺傳上的關係。

那麼，要多晚才算晚呢？一般來說，一歲半要能叫媽，若兩歲半還不開口，需要抱去給醫生看，但家族中有人晚說話的，不在此限。據說王陽明到五歲才會說話，愛因斯坦三歲才會叫媽。

現在醫療發達，孩子生下來都一定會做檢查，以確定一切正常，其中，聽力的檢查是一定有的。孩子若聽得見，照說，就一定會說話，因為孩子一出生，大腦中的鏡像神經元，就會使孩子不停模仿所見到的外界行為，所謂的牙牙學語（babbling），就是孩子在試著發他母語的音。

嬰兒的運動皮質區和感覺皮質區，是大腦中最早包完髓鞘的兩個區域。髓鞘是個絕緣體，使電流在神經纖維上傳動時速度變快。髓鞘完成後，神經傳達的速度，會比沒有完成的快了一百倍。

所以六個月左右的嬰兒，因為運動皮質區發展完成，會開始嘴裡咿嗚出

聲；八個月左右，會開始發出可分辨的音。

大人跟孩子說話的回饋，會校正孩子的發音，因此，雖然孩子還聽不懂，沒關係，父母請盡量多跟孩子說話，他的大腦時刻都在忙著模仿發音。

## ♥促進孩子語言發展最好、最經濟的方法

中文是個有聲調的語言，聲調一開始在右腦處理，因為大腦把它當作物理音看待；但是一歲之後，會自動轉到左腦來處理，因為十二個月的語音經驗讓他了解，聲調原來是母語的一部分。

世界上所有的語言，包括聾人比的手語都在左腦處理，不是如坊間說的在右邊。語言會在左邊腦處理，原因是語言有序列性（Temporal Coding），「牙刷」跟「刷牙」不同，「蜜蜂」也跟「蜂蜜」不同（英文的「cat」也跟「act」不同），這序列性正好是左腦的強項，所以語言在左腦處理。

外界認為，誤以為語言遲緩的孩子，在其他方面的感覺比較敏感的說法，可能來自某次核磁共振實驗中，發現盲人的視覺皮質，被他的聽覺和觸覺挪去

運用；但是不說話卻聽得見的孩子，他的聽覺皮質並沒有閒閒沒事做，也是一直在分析環境中的聲音，只是控制他舌頭、嘴巴運動的器官，比較晚成熟而已。

不論孩子會不會說話，父母都應該盡量跟孩子說話，這會幫助他語言的發展。

研究發現，爸爸會回家吃晚飯的家庭，孩子詞彙較豐富，因為較有機會在餐桌上聽到爸爸講些平常在家中不會聽到的詞彙。教育水準高的父母，他們的孩子詞彙也較豐富，在四年級時，語文能力較強，因為他接觸的刺激多。

因此，不論孩子說話的早晚，跟孩子說話、讀書給孩子聽，是促進孩子語言發展最好、最便宜的方法，請盡量陪伴孩子讀書。

# 09 早教是為了孩子好？

演化上，生命的目的是把自己的基因傳下去，因此，人們對孩子的競爭力非常重視。當大家競相教育孩子的時候，應該怎麼做，才能使孩子出人頭地，就變成很大的商機。

有道是：「不怕路遠，只怕路錯。」如果沒有釐清目標，又不懂大腦的發育，逆向操作常會愛之反害之，閃卡就是一個例子。

## ♥ 你希望孩子將來成為什麼樣的人？

閃卡的不必要性在於，第一，嬰兒生下來是個近視眼，大約三百度，要等到十八個月左右，視神經及控制眼球焦距的晶體，以及動眼神經外面的髓鞘包完成後，視力才會正常。在眼睛未發展完成前，大量使用閃卡會對孩子不利。

第二，人生是個馬拉松，不是百米衝刺，在研究上，認字的早晚與以後的成就沒有相關。

第三，童年期應該盡量與別人遊戲，因為這類互動最能增加神經元之間的連接，是創造力的構成機制。

父母是孩子最初的老師，家庭是孩子最早的學習場所，英諺說：「父母對孩子的態度，決定他的命運。」因此父母在教育孩子時，要先問：「我希望我的孩子將來成為一個什麼樣的人？」如果是讓他的天賦能力發展出來，那麼現在就不必聚焦在學業成績上。學習有效，學業成績自然會好；學習無效，分數高只代表他會考試而已。

父母要替孩子打造的是一個讓他可以安全表現自己、不因犯錯而受責罰、不和別人比較的創意環境。

因此，使用閃卡等各種輔助工具，在大腦未成熟、未準備好前，早早教他讀、算、寫，對他的未來並沒有什麼幫助，因為人生並不是決定在六歲進學的時候，而是在他以後的成就。

正直的人品、敬業的精神、好奇心和創造力，才是未來競爭時該具備的真正條件。

## 催熟的孩子沒有學習動機

美國有一位當了四十年的校長最近寫了一本書，闡明了前述的道理。他說，上學（schooling）不等於教育（education），要看學校教什麼。父母焦慮孩子不成材、恐懼他在學業上趕不上人家，會嚴重影響孩子的自信心與自主性。

他舉了個例子：有個母親很驕傲的告訴他，雖然她的孩子還不到六歲，但是聽、說、讀、寫都會了。她用塑膠做的閃卡在浴缸裡教孩子認字及數字，因為泡在水裡的孩子不能亂跑，容易教，使孩子的學習進度超前了。

但是，校長發現這孩子進學後不會主動找事情做，也不會跟人玩，他總是坐在那裡等老師的指示，而且缺乏自信心，每做一件事就要等老師的肯定。

雖然他早早學會認字，但是缺乏主動，因此高年級後的發展並沒有很好，反而因為對學習沒有興趣而迷上了網咖。校長說：「加速催熟的成長不自然，催熟的水果不好吃，催熟的孩子沒有動機。」

童年是孩子大腦發育最快的時候，不要把孩子關在室內學那些他以後有一輩子時間可以學習的東西，要讓他出去接觸人、接觸大自然，增加後來創造力的神經連接。當孩子快樂學習時，效果最好，因為情緒跟記憶的關係密不可分。

在學前用閃卡教孩子認字沒有什麼好處，只是滿足父母的虛榮心罷了。

# 10
# 別把孩子訓練成一樣

有位讀者來信說：「我的兒子快兩歲了，現在很喜歡認字。聽很多專家說過，孩子記憶抽象的東西太早，會限制他的創造力，但他偏偏就對記憶漢字、圖形感興趣，我有留意多提供他動手的玩具，可他的愛好完全沒有轉移。我該怎麼做？」

在實驗上，沒有看到記憶抽象東西會限制創造力的證據，何況，漢字和圖形並不是抽象的東西。

一般抽象是指像司法、公平、正義、自由、平等、博愛等無法具體呈現的概念，漢字是可以看得見的，圖形也是可以看得見的，怎麼說是抽象呢？

## 教孩子學習的原則，而非強迫學習記憶

兩歲的孩子認得字並非例外，有個孩子鄒奇奇（英文名Adora Svitak），八歲時曾寫小說，在亞馬遜網站上熱賣，她就是兩歲認得字的。

她的父親是捷克工程師，母親來自貴州，父母在美國西雅圖的微軟公司做事。從小，她父親就唸捷克的詩給她聽，她雖然聽不懂斯拉夫語，但是看她父親唸詩唸得那麼陶醉，她就覺得唸書一定是件非常快樂的事，便自己教會自己唸書了。因為她兩歲多就開始大量閱讀，所以八歲時寫的小說，可以上亞馬遜網站銷售。

其實，很多孩子都是透過父母每天晚上的親子共讀學會識字的。

我們一般不反對幼兒識字，只是不要強迫他寫字就沒關係，因為學前孩子手臂的小肌肉尚未發展完成，握筆不緊。

學前孩子的眼睛也尚在發展的階段，控制眼球焦距的神經，要到十八個月大左右才發展完成，所以也不宜給八個月大的嬰兒看閃卡。

父母可以教孩子構字的原則，因為規則可以幫助他將字分類，而分類是

組織知識的第一步，比如草字頭代表這個字跟植物有關，言字旁跟說話有關等等。但是孩子在四歲進幼稚園前，掌管記憶的海馬迴尚未發育完全，幫助記憶最有效的語言碼，也未發展成熟，所以不要強迫他記憶。

小時候的記憶是透過內隱的學習，模仿而自然學會的，孩子在進學前該著重在品德的學習，而不是事實（fact）的學習。

母語和第二語言的學習差別，就在於前者是內隱的學習，後者是外顯的學習。內隱學習的效果最好，所以不要把孩子關在家裡學拼音或算術，要讓他透過生活中的遊戲去學習。

## 別的孩子怎樣做，不等於你的孩子也要這樣做

「寓教於樂」是很好的教育方式，父母可以透過遊戲把知識教下去。研究發現，孩子在遊戲時，神經元活化得最厲害，最易達成神經的連接。所以，父母應該盡量讓孩子和別的孩子一起玩，而不是買玩具讓他在家中自己玩。

跟別人一起玩的好處是練習合群、分享，懂得如何跟別人相處，另外一個

好處是培養領袖能力。人際關係是二十一世紀成功的必要條件之一，我們現已很清楚的看到成績不等於成就，但是人脈卻對創業大有幫助。

我們從遊戲中，可以看出孩子的性向，可以依據他的喜好來因材施教。雖說男生喜歡動手做，但並非所有孩子皆如此，父母不必特別去買動手的玩具，不要因為別人怎麼做，就一定要自己的孩子也如法炮製。

每個孩子都不同，生物的多樣性，正是人類最可貴的地方。當每個人都被我們訓練成一樣，這個世界就沒什麼意思了。

# 11
# 都替孩子做，孩子愈不會做

有個成功的女強人，快四十歲了，結了婚但不敢生孩子。她說，看到很多媽媽為孩子唸書的事煩惱，擔心到幾乎都要得到憂鬱症，怎麼敢生？她來問我，教養孩子，真的有這麼困難嗎？

當然沒有，但是父母的態度會決定孩子的命運，太過緊張的父母，孩子常會沒有自信心，而什麼都替孩子做的父母，會使孩子沒有責任感。

## ♥ 大人窮緊張，會讓孩子失去學習自主性

中國有句俗話：「兒孫自有兒孫福，莫替兒孫做馬牛。」現在的世界改變

太快，過去「為你好」的事，現在反而害了他；過去講究考第一名，現在講究有創意，讀死書會把創意扼殺掉。

所以做父母第一件事就是先把自己顧好，才有餘力照顧孩子，父母的健康是孩子的幸福。對所有動物來說，有父母保護，他才有生存下去的機會，連坐飛機若發生意外，也是要父母先戴好自己的氧氣罩，才替孩子戴，大人的緊張對孩子是不健康的。

有些媽媽因為不必張羅衣食，所以整個生活重心都放在孩子身上，她們想盡方法增加孩子的腦力，聽說Omega3對大腦好，就從孩子出生六個月，開始吃副食起，三餐給他吃魚，而且只吃有認證過，沒有汙染的魚。

其實，只要用反證法想一想，就知道不必這樣。很多母親吃素，很多內陸國家不靠海，她們的寶寶沒有魚吃，但是他們並沒有比較笨，諾貝爾獎得主也不見得每個人都是海邊長大的。

現在常看到有的孩子已經到了上幼稚園的年齡，還不會自己吃飯，得菲傭一口一口的餵；很多孩子不叫就不起床，不催就不做功課。這些都是因為父母替孩子做得太多，把孩子保護得太好的緣故。

有句英諺說：「旁人對孩子自身的事務關心過頭，反而會削弱孩子的責任感（If we care more about something than the child does, we absolve the child of responsibility）。」做功課本來是孩子的責任，但是父母一直催，孩子失去了自主性，功課就變成父母的事了。上學遲到也是如此，爸媽沒叫，就賴床不起來。

大人把孩子的責任接過去了，孩子自然樂得輕鬆，事不關己，就不在乎了。

至於餵飯，那更是父母的錯，父母心疼孩子瘦，整天端個碗在後面追，其實孩子餓了，他自然會來找你，何不等到他餓了再給他吃呢？這時，情勢反轉，是他追著你要東西吃，而不是你追著他求他吃。

## ♥ 家，該是孩子安心放鬆的避風港

很多孩子不喜歡父母教他功課，不但不感恩，還會故意不好好做。

美國有位做了四十年的老校長認為，每個人有每個人應該扮演的角色，就好像在球場上，每個球員有他應該站的位置，是後衛就不要去打前鋒，不要逾越。教孩子是老師的事，父母只要愛孩子就好，家庭和學校像兩個國家，界線要分明。

乍聽之下很奇怪，父母倚窗課子不是很好嗎？校長說，孩子在學校，不論那天過的怎樣，他離開學校回到家時，他的煩惱可以放下，因為家是另外一個場所，他可以放鬆。但是，假如父母在家自己教，這時孩子處處被老師包圍，會覺得窒息，學習就變成了壓力。

校長說，每個孩子不同，每個老師適合教的年級也不同，有的老師適合教低年級，有的老師適合教高年級，父母卻沒有選擇，尤其如果孩子學的慢，父母會對孩子動怒，讓孩子心生畏懼。如果他對課本害怕，又怎麼會主動去摸課本呢？

家應該是個安全的避風港，不論在外受了什麼委屈，只要能回到家，讓媽媽抱一下，一切煩惱都會飛到九霄雲外。人一定要有一個可以做自己的地方，他天生的能力才能發展出來。

我們很少從這個角度去關心孩子的教育，忘記了孩子必須做自己，才有可能成功，因為人做自己要做的事，是全力以赴的。

孩子真正需要的，是父母無條件的愛。當父母搖身一變，成為老師時，這種走到哪裡都有功課的壓力，會使孩子厭惡學習。厭惡學習比他考不及格更嚴重。

## ♥ 隨著孩子年齡增長，父母要適時切換自身角色

人的聰明才智是先天（神經元）和後天（神經連接）的交互作用。凡是孩子自己可以做的事，要讓他自己去做，練習愈多，神經連接愈密，反應才會愈快。

挫折和奮鬥對孩子性格的磨練都是好事，尼采說：「那些殺不死我的，使我更堅強。」父母不妨讓孩子學習堅強。

所有的孩子一出生就在學習，他們不斷的透過假設，來驗證自己的想法，從而了解外在的世界。這是為什麼有人說：「嬰兒是搖籃裡的科學家。」

在孩子上小學前，家庭就是最早的學校，父母就是最初的老師。那時父母

的教誨，形成他基本的行為與價值觀。進了小學後，父母教養的方式就要「換檔」升高一級。隨著孩子年齡增長，父母的角色要從照顧者換為陪伴者，再換為忠告者，最後放手讓他單飛。

所謂成功的教養，不是孩子考一百分或第一名，而是他最終能把自己的天賦能力發展出來。

一個人能滿意的做他自己，這才是二十一世紀教育的真諦。

# 12 當第一選擇落空

英國的布魯漢爵士（Lord Henry Brougham）曾經說過：「如果一個人學到的東西可以擦掉的話，那麼孩子在幼年期所學的東西，要用一生的時間來清除，而長大後所學的學問，不到一週的時間便可完全抹淨。」某幼兒雜誌的一位編輯來信問道：這句話可以做為支持早教的證據嗎？

答案是「不可以」。布魯漢爵士說的這句話，是在強調幼年經驗的重要，而當時的幼教，並不是指目前早教班所教的算術、英文或才藝課，而是指小時候父母給的身教、言教，尤其是無法用言語描繪的心靈安全感。孩子幼童期的情緒發展很重要，早期的品格教育和情緒經驗，會影響孩子的一生。

那麼，該編輯為何又有此一問呢？因為人崇拜偶像，名人講的話有權威性，可以加強對商品的信任度。我們常常看到很多業者把名人講的話，斷章取義，拿來當活廣告。

台灣的民眾也似乎特別喜歡名人代言，比如前一陣子的胖達人麵包事件，代言者既非餐飲業也非烘焙業的專家，找她代言，她的話有多少份量呢？但是大家還是趨之若鶩。

這種盲從行為，反映出當今教育在邏輯思辨上的弱點。

## 勝敗決定在一路的選擇上，而不是一開始跑多快

父母會那麼在意早教，主要是怕輸在起跑點。

其實成功的人不是贏在起點，而是贏在轉折點，因為人生的路不可能是直線的康莊大道，它必有轉折，轉折時的選擇才是關鍵。

有智慧的人能做出正確的選擇，每一個選擇的正確性又決定後面的選擇。所以得失勝敗，是決定在是否做出正確的選擇上，而不是一開始時跑得有多快。

當第一選擇落空時，孩子要能接受其他的可能性，給自己彈性，不可堅持非要不可。

有一個故事說：一條河流從高山流下來，經過沙漠要去大海，但是它的水被沙漠的熱蒸發掉了，它哭著說：「我永遠到不了大海了。」沙漠說：「你若願意放棄原來的樣子，你還是可以到大海，你現在是水蒸氣，水蒸氣會浮游在空氣中，微風會把你吹到海上，一遇冷，變成了雨，下下來，你就回到了海洋了。」小河說：「可是變成水蒸氣，我就不再是河流了呀！」沙漠說：「你的本質其實沒有變，你還是水。但是你堅持是河流時，你就失去了流入大海的機會。你會堅持，因為你從來不知道你的本質是什麼，只要質不變，形又何必在乎呢？」

## ♥放下執著，選擇更多

很多從小被父母寵壞的孩子，要某樣東西時，非要不可，美其名曰「執著」，其實人世間沒有不可替代的東西，就像沒有人是不可替代的，給自己一些彈性時，成長的空間更大。

泰戈爾說：「如果你在夜晚時，因看不見太陽而哭泣，那麼你的眼淚會使你看不見滿天的星斗。」太陽和星星都會發光，但是你非要太陽不可時，你被眼淚遮住，就看不見滿天的星光了。

威廉．詹姆斯也說：「人可以因為心態的改變而改變生命。」一旦放棄執著，很多的選擇就出現了。

台灣有人考了二十七次高考才考上，報紙讚美：「有志者事竟成。」我看了卻很傷感。為了這個執著，他的人生過去了一大半（二十二歲大學畢業，當兩年兵，再考二十七次高考，年齡應該也有五十歲了）。

思考若沒有彈性，容易鑽牛角尖，走不出來時，易釀成悲劇。比如失戀，幾乎是每一個人成長的過程中，都會碰到的挫折，在感情走不下去時，那就是個轉折點。執著者會堅持非要不可，要不到時，玉石俱焚；智者會說：「天涯何處無芳草。」放下，去尋找別的機會。

所以在孩子成長的過程中，應想辦法讓他的思考富有彈性。猶太人的《塔木德經》（*Talmud*）中有一句話寫得很好：「人的眼睛是由黑白兩部分組成的，為什麼只有黑的部分才能看見東西呢？那是因為人必須透過黑暗才能看到光明。」

所以聰明人把握機會，知道什麼時候該出手，智者卻知道什麼時候該放手，捨比取是更大的智慧。

童年期的安全感，決定以後遭遇挫折時的反彈力。布魯漢爵士的話適時提醒我們，教養孩子的重點，絕非著重在以後有一生的時間可以去習得的知識。幼年期內隱的學習的確是一輩子洗不掉的，因為它直接儲存在神經連接的突觸上。正向的人生觀與生活的彈性，才是父母不用花錢、又能讓孩子受用一生的最好禮物。

# 13 給孩子空間高飛

報載有一位單親媽媽，因為她十四歲的兒子領出兩萬元的打工費，沒有告訴她用途，懷疑他交了壞朋友，便把兒子綁著帶到警察局，哭訴孩子不乖，威脅要自殺。

這母親激烈的管教方式看了令人搖頭。第一，她不該讓孩子當眾丟臉，國中生半大不小，已有羞恥心，不可不顧到孩子以後還要面對同學；第二，不該用訴諸他人的方式，強迫孩子接受。

智慧已開的孩子只可說理，不可打罵。她這樣做，只會把孩子愈逼愈遠。其實從報上看來，這孩子相當乖，母親哭訴時都沒嗆聲，鬧完了還乖乖讓她再綁著回家。

## ♥愈尊重孩子，他愈自重

父母管教孩子就跟放風箏一樣，手中的線要握緊不能放，但是線必須長，給風箏高飛的空間，因為線太短風箏飛不起來。

當孩子逐漸長大，父母便要逐漸放長線，給他自主的空間，同時一定要尊重孩子。你愈尊重他，他愈自重自愛；你把他當小偷看，他會自暴自棄，最後變成小偷。

中國有句俗話：「道高一尺，魔高一丈；道高一丈，魔在頭上。」父母若是不停打電話到孩子打工的店家查勤，採用緊迫盯人的方式，只會把孩子逼走，正如斤斤計較孩子成績，只會引來反彈。行為只有在孩子心中認同時，才會改善。

其實孩子有沒有變壞，父母察顏觀色就可知，就像我們想知道孩子上課有沒有專心聽講，只要看他的課本就曉得，課本上畫的是小人頭，代表這孩子上課沒有在聽。

## ♥信任孩子，放他高飛

賓州州立大學的研究者發現，孩子說謊最大的原因，是不想讓父母失望。當孩子發現即使很努力也做不到，而父母一定強要時，為了不使父母傷心，他們就說謊了。

在大腦的研究上，人其實不喜歡說謊，說謊時大腦的血流量較多，因為要記得說過什麼謊言，將來才不會露馬腳。因此我們可以告訴孩子：「說真話，你就不必記得說過什麼假話了。」

孩子說謊的另一個原因是他很想要某個東西，而父母不肯，因此去偷錢買或騙說學校要繳什麼費用。這種情況下，父母先不要動怒，先反省，為什麼孩子不敢跟我坦白說？是我太兇嗎？再看看他要的東西有沒有理由，如果在自己的經濟範圍內，不妨偶爾給孩子一個驚喜，畢竟童年時很想要的東西，長大即使有錢了，買得起了，也不會想要了。

信任是所有人際關係的根本，親子關係也一樣，父母不可欺騙孩子，孩子才敢跟父母說實話。很多父母說：「跟我講實話，我就不打你。」結果孩子一講實話，巴掌就打下來。孩子只要上過一次當後，絕對不會跟父母說真話。

也提醒父母們，請不要用成績做為給錢條件，例如考一百分給一百元。讀書是孩子的本份，人不應當做自己的本份而得錢，因為獎懲不當也會有後遺症，所以國外孩子多半是替鄰居除草、當保母賺零用錢。

每個孩子都不同，管教的方式也不一樣，從信任和尊重出發，則攻無不克，無堅不摧。

# 14
# 切換學習，效果升級

朋友的孩子寫了封信給我：「阿姨，拜託你跟我媽說，我知道我已經國三，馬上要基測了，也知道考不上的後果，但是有時我就是讀不下書，我只要發呆一下，我媽就碎碎唸。我告訴她，我不是機器，我沒有辦法一直不停讀書，她說，不唸書就去睡覺。她不了解，很煩時睡不著，很累又睡不著是很痛苦的事。阿姨我快瘋掉了。PS.不要用email回信，我媽每天檢查我的信箱。」

## ♥ 父母的好意，對孩子不見得好

人有好為人師又自以為是的通病，尤其做父母的認為虎毒不食子，我是為你好，為什麼你不領情還要生氣？幾乎所有的親子衝突，都源自溝通不良，父母的好意因為不是孩子要的，反而使孩子更叛逆。天下不知有多少悲劇是始於「為你好」。

我們的大腦和胃一樣，凡是不能消化的，就不能吸收。胃會飽和，大腦也會：我們看一個紅色的圖案兩分鐘，然後把眼睛轉到白牆壁，這時剛剛紅色的部分會變成綠色，因為紅的色素細胞疲勞了，不再發射了，它原先所壓抑的互補色，也就是綠色，就出來了。

我們的注意力也有同樣現象，兩個同樣刺激前後出現的間距太近時，大腦會看不見第二個刺激。聽覺更是，太太如果一直抱怨，先生對太太的聲音會有聽沒有進。

## ♥別逼孩子每天做同樣的事

人不是機器，不能每天做同樣的事，就算是機器也會彈性疲乏。不想唸書時，眼睛明明在書上，但是大腦就是沒有註冊，有讀沒有懂。

大腦的這個特性可以從七十年代的一個實驗看出：實驗者給大學生看一組十個花卉的名字，如玫瑰、百合，看完後，請他默寫出來。對一個大學生來說，這不是難事，他幾乎可以全部寫出；休息兩分鐘後，再給他看十個花卉名稱，這時，他能寫出八、九個來，等到第三次看花卉名字時，他只記得六個了。但是第四次，若是換成傢俱類，如桌子、椅子，這時他的正確率又上升到跟第一次一樣。

而持續看花卉名稱的控制組，實驗結果慘不忍睹，連五個都記不住了。這表示不是大腦的記憶力不行，而是大腦對同一類型的東西飽和，便記不住了；一旦換新的類別，大腦對新奇的東西特別有興趣，記憶力又會好起來。

每天吃同樣的便當會厭倦，即使肚子很餓也不想吃。大腦也是，所以學校的課表要穿插著國文、英文、數學。

了解到大腦的功能，父母就不要讓孩子對學習產生飽和，最好常常讓他起來動一下。運動時，大腦會分泌對學習有益的多巴胺、血清素和正腎上腺素。很多父母以為運動是浪費時間，這是錯誤的觀念。

要孩子愛讀書就不能使他害怕書，責罵或逼迫，只會使他更遠離課本。對一個已經上了國中、有自己想法的孩子，父母要尊重他的自主性，不能再像小時候，什麼都要管，要適度給他隱私權和自由的空間，絕不能檢查他的電子郵箱、搜他的書包。

父母一定要記得，尊重他，他才會自重自愛。喜歡學習，他才學得進去。

# 15
# 不縱容、不寵愛，還要捨得放手

《親子天下》做了份網路問卷調查，發現台灣孩子對父母最大的不滿，和最令父母抓狂的幾個項目。有趣的是，這些項目幾乎都是父母本身種下的因，例如：父母最氣孩子頂嘴，但是父母若是不縱容，孩子敢嗎？孩子對父母沒有敬，所以才敢頂嘴。

## ♥沒有規範的愛，不是愛

其實，孩子很天真，沒有什麼心機，他要什麼，不要什麼，幾乎全擺在臉上，細心的父母一看就曉得，該怎麼處理孩子才不會反彈。教養孩子不要硬碰硬，柔性的效果最好。

在我那個年代，頂嘴是個不可接受的行為，父母總是說，有話好好講，不要疾言厲色（看到現在民意代表問政的口氣，常想，他們小時候父母怎麼沒有教？），當你從小看到你的父母對他的父母恭敬時，你怎麼會對你的父母不恭敬？

愛是有規範的，沒有規範的愛叫寵愛。

在範圍內，孩子可以盡情發展他的天性，但是踰越規範時，父母一定要教導，因為紀律是學習的根本。

孩子會說謊那也是父母的關係。賓州州立大學的研究發現，說謊是孩子解決眼前問題的一個手段，他年紀小，不了解一個謊需要更多的謊來圓，當大腦記不得你對誰說過什麼謊的時候，馬腳就露出來了。

小小孩的說謊有時是真實和想像區分不清，有時是表達的方式不正確。大人不必緊張，認為說謊是十惡不赦，要耐心教他正確的行為方式。

發展心理學家很早就知道，對付孩子無理取鬧最好的方式是轉移注意，因為他們的注意力廣度很短，只要立刻把他帶到一個新奇的情境去，「眼不見，心不想（out of sight, out of mind）」，他被新東西吸引，就不哭鬧了。

大小孩則可用高層次認知的功能來取代，比如買不起機器人，就請他想辦法自己動手做一個。

研究發現，動手做是移轉孩子注意力最好的方式，因為動手促發大量神經的連接，使他專注在眼前，就忘記過去了。

## 不想孩子過分依賴，請記得適時放手

孩子會依賴父母，那更是父母的關係，諾貝爾獎得主康納曼（Daniel Kahneman）說過，人是懶惰的，有人可依賴，為什麼要自己做？

大腦是演化來的，它知道要在這世界上生存，一定要想辦法保存自己的體力，當敵人來，別人已跑不動，你還跑得動時，你就活下去了。

事實上，許多肩不能挑，手不能提的留學生，在無人可依賴的國外，馬上變得很能幹，父母只要捨得放手，這毛病就改得掉。

教養孩子很辛苦，夙夜匪懈，但是為什麼還有人敢前仆後繼的生孩子？因為成果的甜蜜是沒有任何東西比得上的。

天道酬勤，種瓜得瓜，種豆得豆，耐心教養他，他會成材的回報你。

# 第二部

# 品格是學習的基石

沒有紀律的孩子，是不能學習的。
想要孩子自動自發，對自己的學習成就負責，
就要先養成良好的學習習慣。
當習慣成自然，內化之後，就成為他的品格，
表現出來的，就會是他的談吐、風度和修養。
好的習慣會帶來好的品格，進而展現好的態度，
對學習的幫助，絕對是關鍵的一環。

# 16
# 好品德來自好習慣

有位媽媽寫信來說，她非常認同品德教育的重要性，但是品德是個看不見、摸不著的東西，她該如何教？尤其她的兩個孩子，大的才三歲，小的一歲，她如何去跟這麼小的孩子講道理？

對這麼小的孩子不是講道理給他聽，而是做給他看，才能養成他好的生活習慣。好的生活習慣就是品德的根本，一個勤儉的人不會貪，因為勤能致富，儉則無匱。所謂「儉以養廉」，廉的人不會去想意外之財，而意外之財常生意外，所以好品德來自好習慣。

## 習慣要從小養好

那麼，為什麼習慣要從小教呢？左邊上圖是一張還有八天才要出生的小貓神經元，下圖是同一隻貓、同一個神經元，只是上圖是小貓，下圖是老貓。

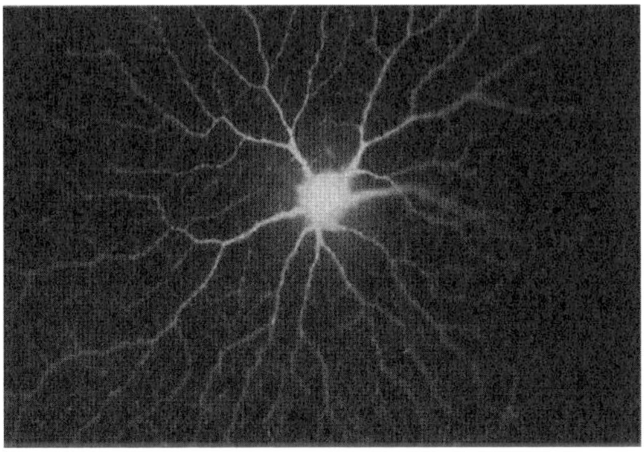

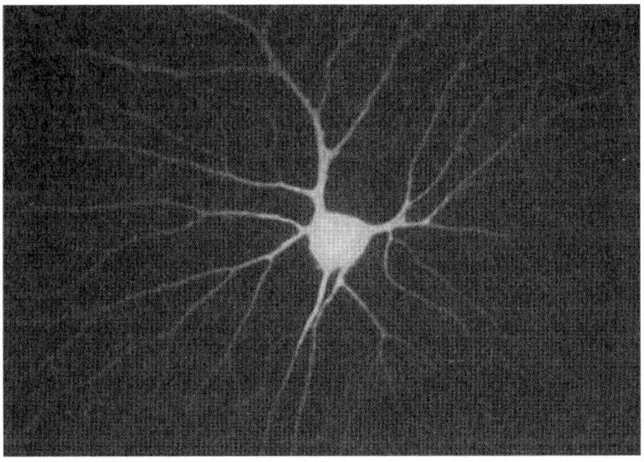

在小貓時，神經元有密密麻麻的連接，但是等到成長為老貓時，常常用的神經迴路變得很大條，它的臨界點很低，很容易就會被啟動，但是其他曾經有過的神經連接，不再用時，就被修剪掉了。

大腦是整個身體用掉最多能源的器官，會用掉相當於它本身體積十倍的能源，所以不用就得刪。因為大腦有可塑性，長大後仍然可以學，但是學得慢，所以習慣要從小養好。

習慣的養成是靠一直做同樣的事，使相關的神經元不斷同步發射，形成緊密連接。

在神經學上有個有名的定律叫「海伯定律」（Hebbian Law），因為「同步發射的神經元會連在一起」（Neurons that fire together, wire together），所以發射愈多次，神經連結愈緊密。

## ♥ 教孩子前，父母先以身作則

那麼，學前的孩子怎麼教呢？這部分的機制是鏡像神經元（mirror neuron）

在運作，模仿是最原始的學習，靠的是父母的身教。比如教孩子物歸原位，父母每次需要以身作則，用完剪刀或漿糊就把它放回去。先讓孩子看放在哪裡，然後帶孩子走到那個地方，把剪刀、漿糊歸位，多做幾次就可讓孩子自己去放。養成了習慣後，用完了，他自己會走去把東西放好。

等到三歲左右，就可以開始跟孩子講道理了，告訴他：「物歸原位就不必找，省下來的時間，媽媽可以唸故事給你聽、帶你上公園去玩。」教孩子一定要跟他講理由，他認同後，這行為才會內化為品德的一部分。

我父親便是用這種方法教我們。我們家中每一件東西都有固定的地方，從我懂事到我出國，放的地方不曾變更過，半夜起來，不開燈都拿得到。

我小時候是住日本式房子，雖然睡榻榻米是通鋪，但每個人有每個人的位置。我父親說：「你們晚上睡覺時，若是有人睡了你的位子，你雖然也有地方睡，但心裡會不舒服；東西也一樣，它也喜歡待在自己的位置，不喜歡被你們亂放。」

這個理由讓我印象深刻，每次東西不在它原來的位置上，我就會想起父親說的「東西也不喜歡被亂放」，便去把它找回，放在它應該在的位置上。

父親用擬人化的比喻教我們同理心，也利用我們的同理心增強這個行為。養成習慣後，真的使我一輩子受用不盡。

多年前，某家醫院曾經發生過一個悲劇。護士要給嬰兒施打疫苗，結果卻錯打為肌肉鬆弛劑，原因是另一名麻醉科護士把藥劑錯放在嬰兒房冰箱，打疫苗的護士習慣性從那個位置上取藥注射，沒有再仔細看，結果造成嬰兒一死六傷。所以從小養成好習慣很重要。*

## ♥愉快心情下養成的習慣，才會認同堅持

做什麼事都是起頭難，養成好習慣一開始時，父母會辛苦一點，但這辛苦絕對是值得的。

我的孩子今年二十九歲，沒有一顆齲齒，他小時候一吃過飯，我就帶他去刷牙，我自己也在一旁刷（叫孩子做事最不應該的，就是只叫孩子做而自己不做）。他後來告訴我，如果今天吃完飯沒有刷牙，他會很不舒服。這時我就可以放心了，他的習慣已養成，自己會督促自己了。

所以在孩子小時候，大人多花點力氣教導，報酬率絕對是一本萬利。

對於三歲以下的孩子，做錯事不要責罰他，重做一次對的給他看便好了，孩子一定要在愉快的心情下養成習慣，才會堅持一生。打罵的效果可能很快，但父母一不在後面監督，這行為便消失了。

習慣是品德的開始，養成孩子勤儉的習慣，禮貌的習慣等等，這些就是他的品德。品德雖然看不見，但是內化後，表現出來的是他的談吐、風度和修養，就代表了他是一個什麼樣的人了。

＊本書二〇一四年初版，將個案醫院誤植為「恩主公醫院」，已於新版更正。造成行天宮醫療志業醫療財團法人信譽損害，特此致歉。

# 17 沒有紀律的孩子不能學習

我去一位朋友家，發現她家的擺設，不論什麼都是塑膠的，覺得很奇怪，因為她以前非常講究品味，喝茶的杯子一定是英國的名瓷，插花的花瓶一定是捷克的水晶，在她家找不到粗俗的東西，連拖鞋都是繡花的，現在怎麼完全不一樣了？

一問之下，才知道她五歲的女兒有摔東西的習慣，不管什麼東西，只要一不高興，拿起來就往地上摜，還像《紅樓夢》中的晴雯一樣，特別喜歡聽東西打破的清脆聲。

孩子講不聽也打不怕，她不知該怎麼辦才好，煩惱得很。

## ♥學習是一回事，紀律是一回事

我想起她女兒小時候還坐在高椅子上時，就開始摔湯匙、摔杯子。我們看到了很驚訝，要阻止時，她說，沒有關係，幼兒專家說小孩子丟東西，是在學習訓練小手的肌肉，也在學習外界事物的反應，隨她去丟。夫妻兩人很有耐心的跟孩子玩「你丟我撿」的遊戲，大人撿得愈勤快，孩子笑得愈大聲。

我當時想，這孩子幸好沒生在我家，我父親是不許我們丟東西的，不要說我們小時候不准。連我兒子小時候也不准。

我孩子六個月大，第一次從高椅子上把餐具往下丟時，父親就告誡我不可以替他撿，要讓孩子學會「自己丟自己撿」。並且以嚴厲口氣告訴孩子不可以丟東西。

孩子大哭，嚇到了，父親要我走開，等他安靜了，再回來餵第二口，兩次以後，孩子就不敢丟了。反倒是孩子會爬後，我看見父親坐在椅子上，用他的拐杖跟我兒子玩滾球，球滾過來，父親用拐杖把它撥回去，孩子快快爬著去撿球，一老一小玩得很開心。

後來從研究得知，丟東西的確是每一個孩子小時候一定經過的歷程，他們也的確在學習，只是學習是一回事，紀律又是一回事，我父親主張人有一生的時間學習，不必在小的時候統統教給他，反而是習慣養壞了，改正不易，所以他對我們品性的要求，強過課業的要求。

## ♥ 教孩子守紀律，卻也不能限制孩子的創意

最近專欄作家李偉文說，有位幼兒園老師誤解了他「從慣寶寶到小皇帝」文章的意思，以為教孩子如何遊戲是在教紀律，所以規定孩子玩過山洞的遊戲時，要哪裡進，哪裡出，不可以自由行；又教孩子玩具應該怎麼玩。其實這不是紀律，這是限制孩子的創意。

紀律是個行為的規範，在框框中，孩子可以任意玩，但不能踰越框框。記得父親教我孩子規矩時，我有跟父親說情，希望他不要這麼嚴。父親只回我一句話：「沒有規矩的孩子，是不能教的。」今天看到朋友家的情形，就了解到父親是對的，沒有紀律的孩子是不可學習的。

孩子是天生的科學家，在小的時候，會做各種行為來測試外界的情形，包括物理定律。例如他不知道什麼叫萬有引力，但是他知道奶瓶不抱緊，手一鬆，掉下去就沒奶喝了。寶寶都很聰明，被插頭電過一次以後，就不敢再去玩插頭，很懂得趨吉避凶。但是假如他丟大人撿，這就變成遊戲，變成可以做的事，養成習慣後就難改了。

教養孩子並不難，只要仔細觀察他的表情，就會知道他的小心眼中在想什麼。可以滿足的，盡量滿足，不可以滿足的要堅持，因為他雖然在學外界的定律，最主要還是在學在這世界上生存的法則，也就是，什麼是可以做的，什麼是不可以做的。

第一次把規矩教好了，以後就省事了。

## 讓孩子學習承擔後果

有個朋友說了個故事：她孫子的保姆平日帶孩子去公園玩時，不是走斑馬線，而是直接跨越馬路，因此看到前面紅燈亮了，車子被擋下時，就拉著孩子說：「快跑，快跑」，孩子就學會了「紅燈快跑」。有一次她自己帶孫子去公園玩，她照規矩走斑馬線，綠燈亮了，她要走時，孩子死命的拖著她，不肯走，一直吵到綠燈過了，變成紅燈時，孩子才拉著她說：「紅燈快跑。」

她很驚訝，回家問了保姆才知道原委。她後來花了很多力氣，用各種不同的故事才把這個錯誤的觀念改正過來。

我告訴朋友，現在必須讓孩子知道，摔東西不再是一個可以接受的行為，當她把她的玩具摔破時，不能再買給她，要讓她學會摔破的後果。

只是這孩子必然很困惑，為什麼以前可以的行為，現在不可以了呢？孔子說「慎於始」實在是很對的。

# 18
# 不是孩子愛說謊

去山地服務，晚上與學生聊天時，他們說做台灣的學生很痛苦，光是功課好還不夠，還要考第一名才算數。

一個現在已是醫生的志工分享，當年他在讀醫學院時，每次考試都緊張到瀉肚子，只能坐門邊的位置，好跑廁所，因為班上的同學都是全國各校的第一名，他怕考差了，無顏見江東父老。

他一直瀉到大三，碰到一位老師跟他說，從隋朝開科取士到清末這一千三百年間，一共有十五人是三元及第，即鄉試、會試、殿試都是第一名，這裡面，唐三人，宋六人，金一人，元一人，明二人，清二人。人數這麼少，表示這是一個非常困難的事，但是，現在又有誰知道他們的名字呢？即使是三元及第，若是沒有做出一番事業，一樣被歷史淡忘，第一名的意義在哪裡呢？

老師的話使他豁然開朗，就從第一名的桎梏中解脫出來，纏著他多年的腹瀉也不藥而癒了。

他的話讓在場的學生動容，也都鬆了一口氣。難怪我父親說：「沒有一個地牢比心牢更幽暗，沒有一個獄卒比自己更嚴厲。」是人使自己過不去，改變了心態，就改變了生命。

## 孩子說謊，多來自不知如何應付壓力

壓力的定義是「任何事情，超越能力，就是壓力」。壓力和表現的關係是個倒寫的U，沒有壓力或壓力太大時，表現都不好，所以適當的壓力是必要的。

去除壓力有兩個方法：一是直接去掉壓力來源，如辭職；二是提升能力以承擔壓力，後者比前者好，因為它是釜底抽薪。

蔡穎卿老師是個敏銳的觀察家，她發現很多學生說謊，來自不知如何應付壓力，例如，有個國中生常跟他母親道歉自己粗心，每次都說「下次我一定更小心」，但是每次都一樣考不好。當蔡老師把考卷拿來看時，才發現這學生是不會做，而不是粗心，他不懂基本觀念但不敢說，怕被同學恥笑，便藉口粗心來逃避現實。也就是說，當人沒有能力又不願面對時，他會說謊，甚至轉化為情緒的爆發來逃避現實。

台灣因為過去填鴨式的教育遭人詬病，所以教改時，就特別強調學習是快樂的。這本來無可厚非，但是就像建構式數學似的，橘逾淮為枳，它又被過度解釋成「只要我的學習不快樂，我就不必去學它」。這是錯的。

天下沒有不勞而獲的東西，學習的過程是辛苦的，只有學成才是快樂的。所以成功從來沒有僥倖，凡是成功的人都曾下過苦功。諾貝爾文學獎得主賽珍珠（Pearl Buck）說：「樂業的祕密只有一個詞——卓越，你必須喜歡它，才可能把這件事做好（The secret of joy in work is contained in one word—excellence. To know how to do something well is to enjoy it）。」

學校不可為了趕進度，忽略學生的個別差異，這會使學得慢又不敢承認不會的學生說謊度日。

逃避永遠不可能解決問題，只有面對它才是唯一的方法。

時代改變了，家長不要再要求第一名，學校也不要再趕進度，實事求是，把每一個孩子教會才是教育的真諦。

# 19 沒有笨問題

最近台灣學子頻頻在國外的創意比賽中得獎，但得獎的多半是原有器物的改良，比較少概念上的突破。

前幾天，我去歐洲開會，恰巧與一位來台訪問要回歐洲去的學者同機，我就與他談了起來。他思索了一下答道：「因為你們的教育強調不能犯錯。」啊！真是一針見血。

## ♥ 不懂裝懂才是真的傻

愛因斯坦曾說：「從來沒有犯過錯的人，是從來沒有嘗試過新東西的人。」

我們的教育的確不允許孩子犯錯，不管年紀多小，有錯就要罰，所以學生都不敢輕舉妄動，我們心目中的好學生是乖乖聽話、老師怎麼說就怎麼做的孩子。

甘地說：「不包含犯錯的自由，是不值得擁有的自由。」人只有在安全的環境裡，才敢把他心裡的話說出來。若是說出來會成為笑柄，孩子是絕對不開口的。難怪台灣學生上課即使有問題也不敢問，因為怕被別人嘲笑怎麼這麼笨。

這是不對的，不懂裝懂才是傻。我們必須改變這種不良的學習環境，我們要告訴孩子，沒有什麼叫笨問題，開口問了，了不起做五分鐘的傻瓜，不問，做一輩子的傻瓜。我們不該嘲笑誠實面對自己、不懂就問的同學。

## ♥給孩子一個安全、不被嘲笑的學習環境

這種不允許孩子犯錯的求全心態，已經造成了社會上很多的悲劇，例如前一陣子，有學生掉到河裡，他的同學因怕挨罵而不敢出聲求救，錯失了救援的先機。其實，過錯是暫時的遺憾，但是錯過是永遠的遺憾。

人非聖賢，孰能無過，就是聖賢，也會有過，所以顏習齋才會說：「惡人之心無過，常人之心知過，賢人之心改過，聖人之心寡過。」他並沒有說聖人就「無過」，因為這是不可能的。《哈利波特》的作者羅琳（J. K. Rowling）就說：「人活著就不可能不犯錯，若是要活得小心翼翼、不能犯一丁點兒錯，倒不如死了算了。」

「不能犯錯」這個不健康、不合理的舊觀念，不但扼殺了我們孩子的創意，同時也犧牲了孩子的自信心和生活的樂趣。

試想，整天在大人監視的眼光下討生活，隨時都要擺出最好的一面，以免挨罵，生活變成只求無過，不求有功的話，怎麼會有樂趣？又怎麼可能會有創新出來？小孩子天生的好奇心被壓抑後，久而久之，對什麼事都沒有興趣，一旦失去了主動追求的熱忱，學習的效果也就消失殆盡了。

被譏笑是很多人一生都忘不了的傷痛，相信很多人在成長的過程中，都有在週會時，被罰站司令台的經驗。我不了解為什麼我們的教育會發展成這個樣子，孔子不是說「知過能改，善莫大焉」嗎？從經驗中得來的知識才是最持久的，為何剝奪孩子從錯誤中學習的機會呢？

其實，我們允許孩子犯錯，他對別人的錯才會容忍，這個社會才會和諧，人才會快樂。人生不滿百，又何苦天天找別人的碴，來滿足自己的虛榮心呢？

這位教授的話如同當頭棒喝，讓我看到目前教育的迷思。給孩子一個安全、不被嘲笑的學習環境，是刻不容緩的事了。要想台灣的孩子有創意，先解開這個緊箍咒吧！

# 20 一定要給孩子「不可以」的理由

《親子天下》最近做了一個有趣的調查，孩子的頭號「民怨」是什麼？結果答案是「不公平」：明明是我的，為什麼要讓給弟妹？

不公平是我們在研究上看到孩子叛逆最主要的原因，連動物都會「不平則鳴」。

我曾看過一個孩子把分給他的蛋糕全部塞進嘴裡，吃相很難看，我就跟他說：「分給你的都是你的，不要一次全塞進嘴裡，小心噎到。」他用力把蛋糕嚥下去後，說：「老師，你不知道，不放進我的嘴裡就不是我的。」盤子裡有根雞腿，他塞不進嘴，就吐點口水抹在雞腿上，這樣別人就不敢吃了。

我找他母親談時，他母親理直氣壯的說：「我要教他學孔融呀！」

## ♥做個讓孩子尊敬的大人

孔融讓梨是兄友弟恭的美談，但是這是例外，不是常態，若是常態就不會上歷史課本了。

不公平是很多不幸的發生原因，父母可以想一想，弟弟平常被人讓慣了，出了社會，誰要讓他？所以孩子若是願意讓，父母要褒揚他，他若不願意，不可以強迫他，一強迫就不公平了。

孩子叛逆的第二個原因是父母不能以身作則，常常說一套做一套，自己在看電視，卻叫孩子去做功課。孩子說：「我們丟掉東西會被罵，大人丟掉東西卻不會。」我朋友的孩子也說：「我打破碗要挨打，爸爸打破碗，不但沒事，我還得替他掃碎片。」

第三個理由是父母在孩子心目中失去了尊敬的地位，父母做了不該做的事被孩子看到了，以後孩子會不服管教。他們最常講的一句話就是「你憑什麼管我」。

其實要孩子不叛逆並不難，只要永遠維持在孩子心目中尊敬的地位就可以了。倒是孩子學大人說髒話時，要馬上糾正，三歲以下的孩子說髒話時，不必打罵，只要擺出生氣面孔，告訴他，你不喜歡這樣，然後轉身走開，他下次就不敢了。

發展心理學家發現，孩子會故意壓抑自己的慾望去討好大人，他們其實非常在乎父母的愛。我們常看到剛被罵完的孩子，一邊哭，一邊要母親抱他親他，因為他要確定母親還愛他，結果鼻涕眼淚都糊在媽媽的臉上了。

至於為什麼不能如某專家建議的，要等三十分鐘才去禁止孩子說髒話呢？那是因為事過境遷，失去「時效性」後，處罰無效。從動物實驗中得知，去除一個行為所用的懲罰電擊，要馬上跟隨行為出現才會有效。愈小的孩子，愈需要立即處理。

孩子犯錯時，無論年齡大小，一定要詳細解釋理由，說清楚為什麼不可以，這個理由最後會內化成他的行為準則，也就是他的品德。

說髒話不只是「別人以為你在罵他」，還會讓人看不起你，認為你沒有教養。我們常低估孩子的能力，認為他反正聽不懂，其實理由是很重要的，他只有認同不做的理由，以後才會不做。

這份調查給了父母一個反思的機會，請蹲下來，從孩子的角度來看事情，你會發現，孩子雖小，他做事還是有他自己的道理的，請給他機會表達他的看法，也給你自己機會去了解你的孩子。

# 21 體會分享的快樂

一位鄰居來謝我推薦她看《親子天下》，因為她在上一期的主題「分享」上找到了支持她教養的理論。

原來她有一雙兒女，年齡相近，常會為玩具而爭吵，她婆婆就說：「為什麼不多買一個？一人一個就不會吵，家裡又不是沒有錢！」

她一直覺得分享很重要，不應該圖耳朵清靜而縱容孩子，現在她知道她的堅持是對的。

但是在離去前，她問我：「為什麼以前的孩子不需要教就自然會分享，而現在的孩子教了也不會？」

## 有好東西大家同享

以前人家孩子多，一般都有五個左右，當然不可能每個孩子都買玩具。那時雖然物資缺乏，民風卻很純厚，大家都逃過難，都吃過苦，都知道生活不易，不論誰家有什麼好吃的，都會分送給鄰居朋友，量不多，但是都有。

即使是端午節，家家都包了粽子，母親還是會叫我們拿幾個送給鄰居，順便教我們說話的禮貌。我媽會說，去到人家家要說：「這幾個粽子請陳媽媽笑納，嚐嚐福州粽子的味道。」這時陳媽媽也會趕忙剪幾個粽子叫我帶回家：「跟你媽媽說，陳媽媽手不巧，包的不及你媽媽的好看，嚐幾個我們湖州粽子，不要見笑。」過年蒸年糕也是如此。

不知不覺中，我們學會了分享及禮貌，尤其到家境不如我們的鄰居家時，說話更要小心，不能傷人的自尊心。所以早在國文課教「嗟來食」（齊大飢，黔敖為食於路⋯）之前，我便從母親嘴裡聽到這個故事了。

## ♥真正的快樂是別人因你而快樂

要孩子學會分享，最重要的是讓他體會到分享的快樂。

有一次，我父親下班回家，經過物資局，看見在拍賣沒收的物資，其中有三花牌奶水，他一時興起，便買了一打回家，做冰淇淋給我們吃，我父親在南洋長大，家中傭人常做冰淇淋，所以他會做。

那一天，我們全部都放下功課，來看父親做這個連台北都不常見的東西（當時台北只有白熊冰淇淋店）。好不容易等到深夜，冰淇淋打好，可以吃時，我母親拿出湯碗，滿滿盛了幾碗叫我跟妹妹分送給鄰居。我們心中都非常不捨，自己吃都不夠，怎麼還要送別人？但是不敢多話，走在路上不免偷舐幾口。

等到了鄰居家，看到他們孩子雀躍和感激的神情時，我真的感到施比受更有福，在當下，我也願少吃一口，分給他們吃。這種感受很深刻，它影響我後來對珍品的看法，也能了解文革時為什麼「有雞大家吃，才能大家有雞吃」，人必須互相幫忙才有未來。

西洋有句話，「人一生仰賴三個朋友的陪伴：第一個朋友是財富，只要有錢，財富便陪伴你；第二個朋友是親人，但是親人只能陪伴你到墳墓門口，他必須離你而去；第三個是善行，只有名譽在你進入墳墓後還一直陪伴著你。」許多人做善事不是為名，但是這個名卻跟著他長長久久不消失，如陳樹菊或陳綢阿嬤。

孩子若能從小體會到，真正的快樂是別人因你而快樂時，他便會自動分享。

我們需要增加孩子這種體會的機會。

# 22 如何學會謹言慎行？

報載有個隔代教養的國中生，因無父在校被同學霸凌到不敢上學，他的哥哥為了保護他，跟嘲笑他的人打架，結果被亂棒打死，看了令人非常不忍。

## ♥嘲笑的言行很傷人

從研究得知，幼小時候心靈的受傷烙痕最深，而且是隱性的，常會轉化在不同的情境出現。

在這個笑貧不笑娼的社會，我們要從小教孩子：嘴長在別人臉上，你無法叫他不講，但是你愈反應，他愈得意，你不理他，一個巴掌拍不響，自然就冷下來了。

所以「止謗，無辯也」，不理是最好的抵制方法。當然無端被淩辱心中會憤怒，這時，歷史上有很多偉人的例子，如韓信的胯下受辱等等，可以開導孩子，眼光放遠，心胸放大，君子爭一世，不爭一時。

口德是修養的一種，俗語說「罵人不揭短」，人怕傷心、樹怕傷皮，不要嘲笑別人瘡疤。其實人生的際遇是說不準的，所謂「十年河東轉河西，莫笑窮人穿破衣」，嘲笑別人，除了傷人，對自己沒有任何好處，何必去做損人不利己的事呢？

惡作劇並不好玩，它其實很殘忍，多年前，一個國中生把剪刀豎在同學的椅子上，同學一坐下，剪刀沒入直腸，血流如注，休克。

但是有時心理的傷害比形體的更殘忍。

六十年前，有一個小學生穿著美援麵粉袋改的短褲去上學，他在練單槓時，被惡作劇的同學把他的褲子拉下來丟掉。那時，很少人有內褲穿，通常外褲也是內褲，他光著屁股吊在單槓上被所有人嘲笑。

後來他考上醫學院，出國留學成為名醫，但是他有個毛病，喜歡買內褲，只要看到內褲就非買不可，怎麼買都不夠，造成他太太很大困擾。這毛病一直持續到他回台奔喪，在夜裡突然做了個惡夢，醒來後想起六年級這件事，他才明瞭行為的原因。

他後來跟我講起來時，非常的感嘆，當年脫他褲子的人不知是否了解自己所做的事有多殘忍。

## ♥從前人榜樣學習行為的準則

其實，無父有什麼可恥？歷史上不知有多少偉人是無父的，歐陽修四歲喪父，他母親用蘆葦在沙上教他認字；范仲淹也因家貧在廟裡讀書，一天只能吃一頓粥。貧窮並不可恥，無品才可恥。

讀偉人傳記可以啟發孩子的志向與信心，歷史絕對不是背年代，而是透過歷史，知道世界上的事都是事出有因，而且因會帶來果，因此人要謹言慎行，不可傷到別人。

有個學生很自傲的跟我說：「老師，我不讀歷史，我只讀華爾街。」他以為只要懂得如何賺錢人生就圓滿。其實不讀史的人，他的錢保不住，因為世界變化太快，沒有前人智慧的幫忙，錢易聚也易散。

孔子說：「不知史，絕其智；不讀史，無以言。」歷史不但教我們不重蹈前人覆轍，也讓我們從前人榜樣中學到自己行為的準則。

「美德要用行為來表達，行為本身就是故事」，請多講歷史故事給孩子聽吧！故事能讓孩子感同身受，因感動而把別人行為內化成他的美德表現出來。

# 23 沉默的危機

有位母親來信說：上個週末他們全家出遊，回程時，在鄉間小路上，看到一個老人家倒在路旁，她國一的兒子要下車來救人，她先生卻重踩油門，趕快離開，路上還教訓孩子多管閒事的後果。結果孩子認為他們是見死不救，用鄙夷的眼光看他們，不跟他父親說話已經十天了。

她說，她知道學校教孩子要見義勇為，她很高興孩子熱心、有正義感，但是現實的社會是好心沒好報，被救的人醒來後，有時會反咬一口救他的人，弄得公親變事主，官司打不完。所以她也認為她先生是對的，她問我，在現在的社會裡，父母該怎麼教孩子？

## ♥重拾對人的信任

我想起黃春明三年前在宜蘭摔車時，倒在地上十五分鐘，無人救援，許多車子從他身旁呼嘯而過，就是沒有一個人停下來看他一下，這種人跟人之間的冷漠讓我沮喪了很久，也一直思考如何使社會再回到互信互助的情況。

其實人性是本善的，就像這個孩子堅持要父親停車，下來救人，壞的是我們的司法不應該隨便審判，把救人的判成害人的。這種不公的事一旦發生，口耳相傳，馬上產生漣漪效應，就沒有人願意管閒事了。

其實車禍的責任歸屬應該不難確定，撞人的車子會脫漆，身體受傷的高度與車子的高度是否相符，有許多的線索可以佐證，只要處理現場的警員細心，不遺漏任何證據，審判的法官敬業，明鏡高懸，就能釐清真相。

我很擔心愈來愈多「自掃門前雪」的明哲保身態度，會使年輕人對人性失望、對社會冷漠，長此以往，對國民的心理健康、對社會的和睦團結很不利。自私自利的負面效應往往不是馬上看到，但是一個自私的國家是個不快樂的國家，也是一個容易被人分化的國家。

我們社會沉淪到現在這種指鹿為馬、笑貧不笑娼的地步，跟過去很多不公不義的事情發生，卻沒人出來主持正義有關。八百年前，但丁（Dante）在《神曲・地獄篇》（*inferno*）中說：「地獄中最黑暗的地方，是留給那些在道德危機時，保持中立，沒有挺身而出的人。」這些人就是所謂不得罪人的濫好人。

孔子說「鄉愿，德之賊也」，這種人「偷」去了社會的正義與道德，所以孔子嚴厲譴責他們。當社會多數人屬於「沉默的大眾」時，道德就沉淪了，國家的危機就產生了。

## 不做沉默的共犯

美國波士頓猶太大屠殺紀念碑上，刻著一首馬丁，尼莫拉（Martin Niemoller）的詩「起初他們」（*First They Came*）：

當納粹黨來搜捕共產黨員的時候，我噤聲不語，沒有站出來為他們說話，
因為我不是共產黨；

當納粹黨來抓猶太人的時候，我沒有站出來為他們說話，因為我不是猶太人；

當納粹黨來抓工會的人的時候，我沒有站出來為他們說話，因為我不是工會的人；

當納粹黨來抓天主教徒的時候，我沒有站出來為他們說話，因為我是新教徒；

當納粹黨來抓我的時候，已經沒有人站出來為我說話，因為他們都被抓走了。

鄉愿的可怕在這裡。

當我們不出聲時，我們就是共犯。一個自由社會的善良運行，決定於公民的素養與德行，需要我們全體的覺識與努力來達成。

# 24 創造力與抄襲不可混為一談

有個學生報告抄襲被我抓到，他拿著《賈伯斯傳》來跟我爭辯。賈伯斯曾被質疑蘋果的視窗介面跟「全錄」（xerox）的有過多雷同，他便引用畢卡索（Pablo Picasso）的「好的藝術家抄襲，偉大的藝術家偷竊」這句話來為自己辯護。

這位學生就以「英雄所見略同」為理由，來說明他並不是抄某人的，而是他的看法恰好與那個人一樣，既然兩個世界名人都贊成抄襲，抄襲也就沒什麼好大驚小怪的，言下之意，是我少見多怪了。

我說：「好，的確很多時候，同樣高度的人會有相同的看法，那麼，現在眼睛看著我，把你自己的看法講一遍給我聽。」結果他瞠目結舌，說不出來，只好認罪。

## ♥不知情的模仿不等於抄襲

送走學生以後，我在想，「原創」的可貴性就在它是無中生有，實在很稀少，大部分的發明都是改良前人的東西，有時甚至只是捷足先登而已。

世人都認為亞歷山大．貝爾發明了電話，但是事實上，葛雷（Elisha Gray）才是最先發明電話的人。貝爾的岳父是位長袖善舞的律師，賄賂了專利局的人，把貝爾樣品的送件時間填早了四個小時，使它比葛雷的先登錄。這件事使貝爾良心不安，後來他把專利賣出，回到蘇格蘭去，終身不再碰電話。

「原創」不但稀少，而且很難界定，因為人的大腦中有專司模仿的鏡像神經元（mirror neuron），會自動模仿。

我們的大腦是凡走過必留下痕跡，很多時候，我們根本忘了曾經看過某個東西，當大腦蹦出新想法時，我們還很高興，以為自己很聰明，一直到看到前人的作品，才大吃一驚，不解怎麼會這麼相似。

其實創造力就是一個超強的神經迴路聯結，兩個不相干的迴路碰在一起後，活化了第三條本來不會活化的迴路，就產生了新的意念。所以在專利法庭中，被告常要負舉證的責任，要拿出自己設計時的草稿，來證明最後的成品是一再修改後的版本。

從這個觀點來看，不知情的模仿不應該當作抄襲，因為「抄襲」這個字帶有負面的意圖（intension）在內。

外國有句話叫「相似的意念會引發相似的動作」（Similarity breeds Connection）。宋朝王安石的「牆角數枝梅，凌寒獨自開，遙知不是雪，為有暗香來」，與南朝蘇子卿的「庭前一樹梅，寒多未覺開，只言花似雪，不悟有香來」意境很相似，用的韻也是一樣，或許王安石小時候有讀過蘇子卿的詩，我們不可因此懷疑王安石抄襲。

## ♥ 模仿沒有錯，錯在故意剽竊卻不說明出處

創造最可貴的地方，在於沒有這個人就沒有這個作品，例如沒有莫札特就

沒有莫札特的音樂。但是細想起來，就是音樂，也會陷入模仿而不自知，因為悅耳的旋律會令人感動，下次遇到同樣的感動時，這段旋律就會出現，作曲家以為是自己的靈感，把它譜成曲，就成為自己的創作了。我們在電影的配樂中最常看到這種情形。

模仿是學習的根本，我們小時候寫毛筆字要先描紅，描紅就是copy，描久了，領悟到寫字的訣竅了，字就寫得好看了；再勤練下去，發展出自己的風格，像董陽孜老師一樣，成為一代宗師，受人景仰。所以模仿並沒有錯，錯在故意剽竊而不說明出處，搶奪別人的功勞。

天下事除了謠言，要無中生有是很困難的。創造力被認為是人類珍貴的資產，正因為它是難中之難，大師和工匠的差別就在這裡，不能將它與抄襲混為一談。

# 25
# 這樣做，和別人就是不一樣！

最近幾個大企業家因擔憂台灣未來的競爭力，願意帶領年輕人創業，做他們的導師（mentor），製造更多的就業機會給別人。我有幸參加了一次這個聚會。

那天因為是聚餐，氣氛比較輕鬆，有人就大膽的問：「為什麼你們現在從事的都不是你們原來在大學唸的科系？這不是所學非所用嗎？」

這是個好問題，《華盛頓郵報》（*Washington Post*）的專欄作家瓦德華（Vivek Wadhwa）曾說：「你在大學讀的學科，與你的成就或人生發展，沒有直接的關係。」很多你在職場用到的東西，在你唸大學時，還未發明出來，大學教你的不過是求知的方法和做事的態度而已。

世界趨勢不停在變，你必須眼光銳利變得快，還得跟對老闆。建安七子的王粲說：「從軍有苦樂，但問所從誰，所從神且武，焉得久勞師？」

## 在什麼位置上都能成功的能力

一位總裁說他去美國留學時，暑假須去餐廳打工賺學費，他和同學一起去應徵。

當時景氣不好，只找到最低工資的洗碗工，他的同學覺得自己是台灣最好大學的畢業生，洗碗是大材小用，做得很不甘願，結果不到兩個禮拜就被開除了。而他的態度是：不甘願就不要做，要做就做到最好，所以每一分鐘都努力的做。

他因為盤子洗得又快又好，就被升做外場收盤子的服務員（bus boy），又因為做事乾淨俐落，客人前腳一走，他馬上把桌子收拾乾淨，使下個客人可以立即入座。桌子翻轉得快，侍者的小費就多，他這個沒有小費的 bus boy，竟然做到連侍者都願意把自己的小費分給他，可見他的厲害。

所以會成功的人，不論在什麼位置上都會成功，因為他們態度敬業、不怕吃苦。這其實就是成功的祕訣。

## 你的好與不好，別人都看得到

另一位總裁在美國留學時，曾去麵包店賣過麵包。他每天的業績都比別人好，客人寧可排隊也要等他來服務。為什麼呢？原來客人眼睛在看麵包時，他就順著客人的眼光，去拿他中意的那個麵包，他會挑盤子中最大的麵包給客人。

對老闆來說，麵包不管大小，只要能賣出去就是好。盤中反正永遠會有最大的，下個客人來，再拿最大的給他，客人心滿意足，下次就會再上門。他懂得顧客心理，難怪經營企業很成功。

他們的話使我想起上次去偏鄉服務時，開車的修女帶我們去買台東最有名的包子，車上七個人統統下車去買，我以為店家一定很高興這麼多的生意上門，想不到服務的小姐臉很臭，愛理不理，我氣了就不買了。

雖然客人愈多員工愈累，但是他們忘記了，如果沒有客人上門，店倒掉時，他們也就沒有工作了。

在這社會上，要成功一定要雙贏。不管什麼工作，敬業是第一，做到最好時，別人一定會看到，工作會自己找上門。所以「任難任之事，要有力而無氣，處難處之人，要有知而無言」。

人要能了解自己的長處，忽略自己的短處，態度和智慧永遠是放諸四海皆準的成功法則。

# 第三部

# 生活與學習的結合

學習不是只有上課或考試，
書本上的知識，缺少了生活的體驗與感動，就只是背誦。
真正的學習不分課內課外，
讓孩子透過真實的經驗，點燃學習的動機，
對未知事物充滿好奇心與主動追求的熱忱、對生命懷抱目標與熱情，
學習才會事半功倍。

# 26 真實的經驗，帶來真實的感動

有一年大學指定考試的作文題目為「遠方」，這是個不難發揮的題目，但是竟然有五百六十個人拿零分，有點令人驚訝。作文的重要性在於它是個與人溝通的基本能力，是在社會上謀生不可缺的一項技能。

作文可以教，台灣有一位帶出了無數別人眼中問題孩子的好校長，說過一個故事。

有一次，他看到一個四年級男生無精打采靠在教室外面的牆上，原來這堂是作文課，老師說任何跟他們社區經濟作物有關的東西都可以寫，可是他一個字也寫不出來，因為心中無話可說。校長便在週末時，帶他去一趟「咖啡之旅」。

## ♥先有經驗，才有感受

那一天，校長先給他一台相機，叫他看到任何有興趣的東西就拍，他們從咖啡樹、咖啡豆開始拍起，再拍曬咖啡的三合院，一路拍進咖啡廳，校長請老闆煮一壺咖啡給孩子喝，孩子試飲了一口，卻馬上吐出來，大叫好苦。這時，校長讓孩子把照片輸入電腦，叫他把每張相片的意義說出來。說完後，校長請他加上形容詞再說一遍，到說第三遍時，校長要他加入自己的感受。

孩子一開始很生澀，慢慢熟練了，他的話就多了起來。校長於是要他把這些照片分類，串成一個故事，再把他的期待、興奮、厭惡、感悟放了進去，最後「我手寫我口」，就寫出一篇作文來了。交出去後，老師給了高分，他很高興，原來作文不難，只要找到要講的話就好。

所以作文可以教，就像閱讀一樣，因為不是本能，所以一定要教。很多人的作文是流水帳，那是因為寫的人心中沒有感動，只好平鋪直述。

孩子需要先有真實的經驗才能產生感動，才寫得出讓人產生共鳴的文章。因此父母要盡量讓孩子有生活的經驗，眼觀手不動時，經驗難以產生。黃春明的小說感人，因為他寫他的親身經驗、他的心裡感受，他使你感同身受，好像是你自己在經歷他的經驗時，他就成功了。

## 用大腦看世界

另外還有一件很重要的事，就是你先知道要看什麼，你才看得到。我們其實是用大腦在看東西，不是眼睛。例如牛頓說：「光是沒有顏色的，它只是一個能量，是大腦讓我們產生看到某種顏色的感覺。」在臨床上，大腦視覺皮質的V4區受損了，病人就看不到顏色了，所以用腦去看，用心去體會，是寫好作文的兩大條件。

英國有個很有名的神經學家薩基（Semir Zeki），就把繪畫區分為用眼睛做畫和用大腦做畫兩種，前者是被動的，後者是主動的，當大腦做畫動用到畫者的情緒和理解時，畫出來的畫會感人。薩基說：「藝術是視覺腦的延伸，一幅好的藝術品筆墨無法形容，只能意會無法言傳。」其實文章也是，我們也常被一篇好的文章感動到說不出話來。

在實驗上，如果你不知道要看什麼，你的視覺組織無法將外界的訊息分類，就不能將你的注意力引導到這個目標上，你就「有看沒有到」了。因此孩子需要大量閱讀，來使他的大腦能看到別人沒有看到的東西，才能寫出好的文章來。

要寫出好的文章無他，歐陽修說「三多」：「看多、做多、商量多」，如此而已。

# 27 從遊戲中學習

有位讀者來信，提到她周邊的親朋好友都把孩子送去早教班，但因收費實在太貴，她問：「需要節衣縮食送孩子去上早教班嗎？會不會因此而讓孩子輸在起跑點上？如果不去上早教班，請問孩子要做什麼？」

看到最後這個問題，我不禁啞然失笑，這位媽媽被外面排山倒海的早教廣告嚇得六神無主了。

這年紀的小孩子要做什麼？當然是遊戲呀！做孩子的本份就是遊戲，那是他們的天職。

## 遊戲中的大腦會整個動起來

在神經學上，絕對沒有「輸在起跑點上」這句話，也沒有「三歲定終身」這回事。

我曾在發表過的文章中，舉了很多實驗例子來說明人會終身學習。大腦會一直不停隨外界環境的要求，而改變內在神經的連接，大腦的功能也會隨著重新分配。例如，盲人的視網膜，不能傳送任何有效的視覺刺激到視覺皮質去，因此，他們的大腦視覺皮質會去處理觸覺和聽覺，或任何用得最多的感官輸入；聾人的聽覺皮質運用也是同樣的道理，它會去處理視覺的輸入等等。

又如手被截肢的人，若用棉花棒輕觸他的面頰，他會感覺到有人在摸他已被截肢的手，因為在大腦的「身體感覺區」皮質（Somatosensory Cortex），手的位置緊連著臉頰的位置，當手沒有了，管手部位的大腦神經元就沒有活可做了，一個很忙的人突然沒事幹了，它很不習慣，於是就延伸過去管臉的訊息。所以輕觸臉，他被截去的手就會感覺到觸摸。

因為大腦有這樣的可塑性，所以孩子的遊戲就非常重要。遊戲時，神經細胞會大量活化，他的眼睛在看，耳朵在聽，嘴巴忙著說話，手在揮，腳在動，整個大腦都動起來了。

神經迴路的大量活化，會促使神經連接，而神經連接的密度，正是我們對創造力的定義。所以童年期遊戲愈多的孩子，長大後，創造力愈強，他觸類旁通、舉一反三的機會就愈高。

兒童在遊戲時，他的思想是自由的，是沒有框架範圍的，他可以天馬行空的隨意幻想，這使原本不相干的神經迴路，有機會碰觸在一起而產生連接。

尤其最近實驗發現，光是冥想就能改變大腦。這個實驗是請受試者躺在核磁共振的儀器中，想像他在彈鋼琴，以及真的給他電子琴鍵請他彈。結果發現，冥想時，掌管手指運動的大腦運動皮質區會活化起來，活化的區塊，就跟他實際在彈鋼琴時，是同一個區域，只是強度稍低些而已。

思想會改變大腦，所以遊戲時的想像力就更重要了。

從古到今，凡是兒童都會騎馬打仗，李白在《長干行》中說「郎騎竹馬來，繞床弄青梅」，這竹竿是個象徵，任何騎在胯下的東西都可以是馬，這就是想像力，而想像力正是創造力的根本。

父母若是時時刻刻都要孩子做功課，不許孩子遊戲，就剝奪了他發展想像力的機會，連帶著，也影響了他未來的創造力。

## ♥遊戲益處多

此外，孩子在遊戲時，會發展出他的領袖能力，研究者觀察一群兒童在遊戲時，發現階層性（hierarchical）的領導能力會自然出線；不熟的孩子只要在一起玩一會兒，很快就分出誰是統帥，誰是小兵。

通常點子最多、有謀略的人會變成領袖，並不一定是家境富有、零用錢多的孩子。聰明的孩子會發現，用錢買來的朋友也會被別人用錢買走，但是能化險為夷、帶領大家玩得痛快的人會成為領袖。

在二十一世紀，領袖能力是成功者必備的能力，因此父母要盡量讓孩子和其他小朋友一起玩，培養他未來的人際關係和領袖能力。

上早教班，使孩子很早學會算術、英文字母等，除了滿足父母的虛榮心之外，沒有任何的好處。學的多，不見得就好，大腦跟胃一樣，它必須能消化，才能吸收。

國際著名大提琴家馬友友的母親說，馬友友小時候不曾為練不好琴而挨打，因為他們不要馬友友一看到琴，就想起挨打的不愉快經驗，而變得不喜歡接觸琴。這是非常對的態度，你會去接觸一個讓你恐懼的樂器或科目嗎？

孩子太早上學，常會因年紀小，做不好而被責罵，這個責罵會讓孩子很早就覺得「我不行，我什麼事都做不好」。先不說這會導致他的自我否定，且說他發展出對學習恐懼這件事，就是一個很大的代價了。

人生的路很長，完全沒有必要讓孩子犧牲童年的快樂，去做他將來一輩子要做的學習。我們自己都有這樣的經驗：小時候很愛吃糖，但是那時窮，沒有糖吃，等到長大了有錢了，買得起糖了，卻不想吃了。

每一個時期有每一個時期的心情，何必剝奪短暫的童年快樂呢？尤其研究顯示，快樂童年所帶給孩子的，不只是交到好朋友，在他們以後可以相扶持（若是共穿過一條開襠褲，彼此底細都很清楚，就不必虛偽做假面子，這種能夠坦誠相對的朋友是金不換的），即使將來遇到挫折，有過快樂童年的人也容易回彈回來。

更何況我們一直強調，父母身教是品德的根本，模仿是最原始的學習，若是孩子所有清醒的時光都花在教室裡，他什麼時候能跟父母在一起，學他一生最重要的做人做事呢？

# 28 想像力是創造的根本

我去小學親師座談推閱讀時，常有父母來問，不是說「一張圖片勝過千言萬語（A picture is worth a thousand words）」嗎？圖片攜帶的訊息既然比文字多，為什麼不能用多媒體來取代閱讀？

這是一個好問題。多媒體做為輔助很好，卻不能取代閱讀，因為兩者的大腦功能不一樣，最大的不同在於主動與被動。

## ♥主動學習與被動學習的差異

閱讀是一個主動的歷程，我們在功能性核磁共振（fMRI）及腦磁波儀

（MEG）的實驗中，看到閱讀時，大腦是一路從視覺皮質活化到前腦，每一個字都會激發一連串跟它有關的字，是一個聯想力的競賽。

而看電視是一個被動的歷程，電視的影片為了成為連續性的動畫，必須在一秒內呈現二十四張圖片，靠著視網膜的視覺暫留，讓靜止的影像成為一個連續的動作。它其實不太有時間讓你停下來思考，因為你一停下思考，後面湧出的訊息就被忽略掉了。

但是看書閱讀不會，你可以回到前面不懂的地方去仔細看，或碰到難的地方，停下來慢慢思考。

在神經學上，主動學習的神經連接得很密，被動的卻很稀疏。雖然大腦對任何看過的東西都會有印象，但是這印象是浮光掠影，跟自己思考過的不一樣。

看書太久眼睛雖然也會累，它沒有像看電視那麼累，因為大腦有個天性，對會動的東西特別注意，這注意力的分配是先天的，意志力無法控制。

當影片一直跳動（一秒二十四張）時，大腦會負荷過重（overwork），在實驗上看到當二分鐘之內，有十次以上的鏡頭轉換，如拉近（zoom in）、切換

（cutting）和剪輯（editing）時，大腦吃力了。我們本來以為工作太累了，看個電視輕鬆一下，想不到愈看愈累，不久就在電視機前睡著了。

## ♥小心圖像限制了孩子的想像力

對很多抽象的概念和不熟悉的東西，如機械構圖，圖片的確比文字描述有效，有時，老師描述了半天，學生還是茫然，但是圖片一看就明瞭了。最近有一個很好的例子，就是齊柏林拍的紀錄片「看見台灣」。

台灣大部分的知識份子都已有保育動物和保護環境的概念，但是沒有從空中俯視過台灣，沒有看到國土被破壞得那麼厲害，感到國在山河破的淒慘，他不會馬上起來身體力行。

我有個同事看完這部電影以後，從此一定帶水杯、用環保筷，再也不准他的家人和學生用免洗的餐具了。黃效文拍的西藏羚羊被屠殺的相片，也是馬上引起國際關注，引發大陸的保育活動。

在孩子小的時候，繪本的確比文字易把孩子領進閱讀的門，因此，老師們不反對二年級以前的孩子看漫畫，畢竟進了門才可能有進一步的發展。但是不要忘記，電影或漫畫是導演或漫畫者的想像力，它會鎖住孩子本身的想像力，一旦接觸後就跳脫不出來別人畫的框框了，現在孩子心目中的諸葛亮就跟電玩遊戲中的人物一樣，就是一個例子。

因此，即使已有拍成電影的世界名著，父母還是應該讓孩子先看原著再去看改編的電影，這樣他的感受會比較深，也可以比較一下自己和別人的看法。

## 閱讀能力是人類最大的福賜

想像力是個非常珍貴的資產，可以說只有人類才有的能力，它是文明的起點，因為想像力是創造的根本。

人的志向抱負其實也都源於他對自己的想像力。美國著名的卡通畫家，也是公認最有創意的人蓋瑞・拉森（Gary Larson），小時候家裡很窮，沒錢買玩具或去看電影，他父親總是告訴他，最好的娛樂在你腦海裡，鼓勵他作白日夢，造就了他以後如日中天的事業。他所畫的「The Far Side」在全球所有大報都連載過，台灣《英文中國郵報》（*China Post*）也有連載。

孩子對文字的掌握，是必須要靠閱讀才能精進的，作者可能花上一整頁篇幅去描述女主角的衣著容貌，但電影中，可能一個鏡頭便交代過去了。

當父母養成孩子閱讀的習慣後，他便給了孩子一個世界上最珍貴的禮物，只要有一本好書陪伴他，這孩子永遠不會寂寞。

會了中文，他可遨遊在中國五千年的文化中，懂了英文，他可以去到五大洋七大洲，上至天文下至地理，無遠弗屆。他更可以與逝世的先聖先賢在書中做心智的交流，這是地球上沒有任何一種生物可以做到的。閱讀能力是人類最大的福賜，它帶給讀者的喜悅是無可比擬的。

# 29 營造「安全做自己」的學習環境

最近在報上看到台灣孩子詹朴，在國際服裝設計上受到肯定，他的母親說：「孩子告訴了我們他的興趣，我們唯一能做的便是替他營造環境，讓他發揮。」

這句話非常對。沒有什麼叫天才，把孩子放對了地方（niche），讓他的能力發展出來，就是天才。

試想，當一個人廢寢忘食、每天埋首創作時，他怎會不成功？他不但成功而且會活得很快樂，人生要追求的不就是成功和快樂嗎？

說實在話，很多父母分不清他對孩子的要求，究竟是為孩子好，還是為他自己的虛榮心。

## ♥讓孩子敢做自己

詹朴的例子可以讓父母停下來想一下教育孩子的目的。我們常將上學（schooling）與教育（education）畫上等號，其實它們不相等，送孩子去上學並不代表他一定會受到教育，他要能受到教育跟他的學習環境很有關係。

台灣的學生普遍沒有自信心，老師問問題時即使會，也不敢回答，更不要說把心中的創意說出來。

其實孩子要敢做他自己，不被老師同學嘲笑，環境很重要。美國有位校長講了個故事：他的學校每年都舉辦地球日的活動，提倡綠能環保，由各年級準備節目，包括幼稚園，老師與家長是貴賓。有一次輪到一個幼稚園的小朋友上台說話，他站在台上，因怯場說不出話來，司儀是個七年級的學生，站在他旁邊，臉上笑容始終沒有變，不曾顯現尷尬或緊張。

等了一陣子，這小朋友還是沒說話時，他的一位七年級的「校園哥哥」（學校實行「大手牽小手」，每一個小朋友配一個高年級的學長作他校園的夥伴）這時站起來，走上台，站在他旁邊做精神支柱。他們都沒說話，底下兩千五百個學生和老師也沒說話，全都安靜等待。

最後有個老師說：「或許這個同學只是要跟我們問好！」大家就熱烈鼓掌，七年級的哥哥就牽起那位小朋友的手走下台了，全場沒有人扮鬼臉或嘲笑這個孩子。

## ♥給孩子不因犯錯而受罰、不和別人比成績的安全環境

其實我們在成長過程中都有這種發窘、恨不得有地洞鑽下去的經驗，校長說要使孩子敢做自己，我們一定要給他一個安全做自己、說心中話不會被人嘲笑的環境。

若是一開口就被人罵「笨」、「豬」、「用膝蓋想都知道」（這是一句非常傷人的話，不知為何會流行起來），小孩子怎麼肯開口呢？他心中的創意又怎麼可能表達出來呢？其實開口問，你只笨五分鐘，不問，你笨一輩子。安全做自己的環境對學生創意的發展很重要。

二〇一一年日本大地震，核能廠震壞，有輻射危機時，大陸和台灣出現搶

購碘鹽的風潮。碘鹽賣光了，有人就用碘酒替代，以為反正都是碘，其實，失之毫釐差之千里，碘酒是不能喝的，喝了會送命的。

這種似是而非、不求甚解的事層出不窮，其中一個原因就是不會也不敢開口問，怕被恥笑。

在台灣，除非我們能給孩子一個不因犯錯而受罰、不和別人比成績的安全環境，才有可能出現第二個詹朴或吳季剛或古又文。

創造出這種安全的環境並不難，校長說：同理心而已。

# 30 別以為孩子聽不懂

我去演講時，常提醒父母不要在孩子面前作壞榜樣，因為嬰兒大腦中專司模仿的鏡像神經元，一出生便開始運作了。有一次，講完後，有位家長到台前來跟我說，他真希望早一點知道這些。

原來他以前接送孩子時，常利用車上的時間，跟他太太談一些公司裡的事情。他說孩子上車，眼睛就閉起來睡覺，他以為沒在聽，講了些不該讓孩子聽到的話。想不到孩子都聽進去了。

有一次，在喜宴上，他叫孩子叫他的上司伯伯，孩子不肯，回家後跟他說：「你不是說這個人偷雞摸狗，品性不端嗎？怎麼還要我叫他？」他嚇壞了，以後再也不敢在孩子面前批評人了。這種學習，是我們稱之為內隱學習的一種。

## ♥父母平日和孩子的互動是關鍵

其實內隱的學習是自然習得，比外顯的學習還更重要，因為它直接儲存在神經元相接的突觸上，哪怕將來得了失憶症，不知道自己是誰了，童年學的壞習慣都還在。

品格的學習正是內隱的學習，它是在日常生活中，不知不覺中形成的，所以父母平日跟孩子的互動很重要。

我有一位朋友是家中的么女，比上面的姊姊小了十歲，因此在她唸國中時，大的都已離家就業，家中只剩她一人了。早期台灣都是蓋棉被，棉被拆洗後，需要縫，那時，鄉下地方老花眼鏡不像現在這麼普遍，她母親常在她做功課時，呼喚她來穿針。她嘴巴雖然不敢抱怨，臉色卻是不好看。

後來她老了，自己也看不見針孔了，才體會母親當年呼喚她的無奈。因此她在叫兒子過來幫她穿針時，便把這件事講給了孩子聽。

孩子看起來沒在聽，穿完針，放下就走開了，但是當他要去美國讀書時，他把家中所有的針都找出來穿好了線，備她一年之需。只是孩子還沒生活經驗，穿的全是白線，幸好家中有馬克筆，要用黑線時，她便用馬克筆把線塗黑。

她的故事讓我很感動，這就是內隱的學習。所以教養孩子最好的方法，是把孩子留在身邊，讓他隨時隨地模仿大人待人接物的方法，而不是把他送去補習班，學那些出了社會以後再也用不著的東西。

## ♥把優良行為變成家族傳統

其實許多家庭的「傳統」就是這樣形成的，有個美國太太每年感恩節烤火雞時，都把火雞蓋在洗碗籃下。她這樣做了二十年，直到她女兒要結婚，她教她烤火雞時，女兒問她為什麼要蓋洗碗籃，她說她媽媽都是這樣做的。

女兒便拿起電話打給外婆，外婆一聽，哈哈大笑說，因為以前家裡有隻貓，怕貓偷吃，所以只好把火雞蓋在碗籃下。

假如這個女兒不問，依樣畫葫蘆下去，這行為後來就變成這個家庭的傳統，像福爾摩斯探案中的一個英國貴族家庭一樣，每一代的孩子成年時都要背一首沒人懂的詩，大家都不知道為什麼，直到福爾摩斯來，才解開這個謎。原來英國史上唯一被砍頭的國王——查理一世的皇冠，就藏在他家詩中所講的那個地方。

知道了內隱學習的特性後，父母何不借力使力，把優良的行為變成家族的傳統呢？

# 31
# 誤把固執當堅持

在街上偶然遇見一位以前教過的學生，問她在哪裡高就，她說在家專心準備高考，我本不以為意，突然想起，她是我搬家前的學生，畢業應該已有五、六年了，怎麼還未就業呢？一問之下，她畢業八年，沒有上過一天班，每天準備考試，但一直還未考上。

我忍不住勸她先就業，因為再拖下去會找不到工作，公司對剛畢業的新鮮人有一些寬容度，如果畢業八年還沒工作就既不是新鮮人，又沒有經驗，老闆會對你的能力和毅力起疑，就不會僱用了。

想不到她一臉堅決的說：「考公職是我的生涯規劃，我要堅持下去。」我吃了一驚，發現她跟我孩子一樣，誤解了「堅持」的意思了。

## ♥堅持和固執都是鍥而不捨，但有區別

我兒子小的時候很愛乾淨，有一天他穿了新鞋去上學，放學時卻下了一場大雨，地上泥濘，他不願新鞋子弄髒，就要我抱他。

一天不見的孩子跟你撒嬌時，很難令人拒絕，我就把他抱起來，走過積水的操場，把他放下來說：「自己走，媽媽抱不動你。」他一本正經的跟我說：「媽媽，你要堅持。」令我啼笑皆非。

他從老師處學會了這句話，卻不懂得這句話背後真正的意思。就像很多人不了解自由和自私的差別，爭自己的自由而不尊重他人的自由，就是自私；堅持和固執都是鍥而不捨，但有區別。

堅持是美德，所謂「愚公移山」、「有志者事竟成」，但是它的先決條件是操之在己，只要自己肯努力，就可以達成目標。若是操之在人，就要識時務者為俊傑，若是堅決不放棄，那就是固執了。我常跟失戀的學生說：「天涯何處無芳草」，但是學生總是堅持「我只要那一根草」，悲劇就產生了。

## 世界在變，你也要改變

其實生涯無法詳細規劃，因為世事變遷太快，計畫永遠趕不上變化，人不能把計畫訂得太死，畫地為牢，把自己框住。過去台灣曾經流行過一句口號：「以不變應萬變。」其實是錯的，當世界在改變，而你不變時，你會被潮流所淘汰。

鋼鐵大王安德魯・卡內基（Andrew Carnegie）的父親原在蘇格蘭從事紡織業，當機器取代人力時，他父親沒有跟著變，死守著人工紡紗機，結果生活難以維持，只好移民美國。一部機器一旦被淘汰，再新都沒有人要，十二台的紡織機還賣不到一家四口的船票，最後是靠善心人士幫忙，借了二十英磅才得以成行。

彈性是很重要的人格特質，古人說：「君子似水，隨圓就方。」只要本質不變，外形就不必堅持，因為重要的是內在。我們求學的目標是學以致用，任何職業，只要專業、樂業、敬業，都沒有辜負人生。

人生要幸福必須有兩個條件：一是必須找到自己的熱情，全力以赴，二是必須有比自己更高大的目標。

高考為國求才，本是美意，但年輕人若沒有比求生活溫飽更大的人生目標時，令人擔憂。

# 32 說故事的魔力

我常跟父母強調，錄音帶不能取代父母的說故事，有位媽媽就寫信說，她口才不好，不會說故事，常常故事沒說完，孩子已經跑掉了。怎麼辦？

其實，說故事不難。澳門大學的學務長告訴我，他本來有口吃，很害羞，不敢在陌生人前說話，但是因為每晚都要講故事給女兒聽，講著講著，他的口吃毛病竟然不見了，而且講故事使他女兒對閱讀產生了濃厚的興趣，也增加了她的口語表達能力、思維邏輯、創意和自信。

他從女兒三歲講故事，一直講到現在女兒八歲，很有心得，隨時都可以講了。

## ♥透過故事解決孩子的生活困惑

講故事最大的好處是透過故事，把生活中，困擾孩子的事情，不著痕跡的處理掉。

例如，孩子不肯把寫得不工整的字擦掉重寫，他便跟孩子說一個肥熊的故事（一定要挑孩子喜歡的動物當主角，才聽得進去）。

他說，有隻肥熊字寫得不好，爸爸叫牠重寫，牠不肯，還要哭鬧，這時正好有個某某幼稚園的好學生（就是他女兒的幼稚園）走過去，便停下來問肥熊發生了什麼事，這個好學生叫ＸＸＸ（就是他女兒的名字，孩子聽到自己是好學生會很高興）。她就跟肥熊說：「不改寫老師明天會罵！趕快改完了我們一起玩好不好？」肥熊就說好。

聽完故事，他女兒便自動把那幾個字重新寫過了。透過故事，他避免了父女僵持不下、互不讓步或強迫重寫哭鬧的場面。

他也透過講故事來教育女兒的品德，因為不是說教，孩子較能接受。他說，說故事最大收穫者是他自己，因為他很忙，每天能跟孩子在一起的時間不多，但是透過講故事，他了解到孩子內心的需求，當從需求出發，孩子的困惑馬上解決，親子的關係就更密切了。

## 良好的親子溝通千金不換

每個孩子都渴求父母的關注和愛，這種內心感情的需求，不是金錢可以滿足的。

很多父母只注重孩子的學業成績和外在的技能，如音樂、繪畫、芭蕾，忘記了愛才是孩子成長最重要的元素，沒有愛，孩子對父母是口是心非的服從，而不是心悅誠服的順從。這情形不改，到青春期，叛逆就出來了。

叛逆的一個原因，是父母對孩子的愛是有條件的，功課好，父母才喜歡。他曾聽到一個媽媽對她的孩子說：「考的好是績優股，考不好是雞屁股。」那孩子臉上的受傷表情，他一輩子都忘不了。一個親子溝通良好的孩子，是可以安然度過青春期而不增加父母的白髮的。

很多人以為孩子小，聽不懂，把故事說的太簡單，結果變得很沒趣，孩子不愛聽。其實孩子聽的能力遠比說的強。

也有很多父母以為一定要講什麼高深的道理，其實從上面的例子得知，父母可以依情境，信手拈來，編個故事就行了。父母甚至可以把自己成長的過程說給孩子聽，讓孩子了解原來爸爸小時候數學也不好，原來媽媽小時候也長得不好看，親子的關係就更密切了。

親子是天性，只要誠心跟孩子在一起，你怎麼編故事，他都喜歡，完全不必擔心的。

# 33 大自然處處是美

中秋節時，我們一群人去黃春明家吃柚子，看到他把柚子從中間三分之二處劃一刀，把皮剝下來，柚子的底做為碗，上面尖的頭成為蓋，吃完的果皮、子核丟到碗中，再把尖尖的蓋一蓋上，成為一個綠葫蘆，又好看又乾淨。看著每人面前的一個柚皮碗，真是佩服黃老師的巧思和創意。

他家餐桌正中央插的不是花，而是一盤新鮮的蔬菜，白淨的桌布配上紫色的茄子、綠色的絲瓜、黃色的甜椒、紅色的番茄、白色的草菇，竟是一幅非常美的秋收圖。客人走了，蔬菜洗洗下鍋作羹湯，真是既經濟又實惠的擺設，令我們讚不絕口。

## ♥美與心情有關

我們談起了美學教育，黃老師說生活到處都有美，只是我們沒有美的眼睛去欣賞罷了。

我們都誤以為只有學校的美術課才是美學教育，事實上，制式的上課方式會破壞美學，因為大部分的老師喜歡教學生怎麼畫，如花是紅色、葉是綠色，反而限制了孩子的創意。那些畫得不如老師意的，被打個六十分以後，一輩子不喜歡畫畫。

這一點我非常同意，我一直認為教育是啟發，大自然裡面真的沒有一樣東西不美，連枯樹都有枯的美，葉子掉光了才看得見樹原來的姿態，馬致遠的「枯藤、老樹、昏鴉」，不是很有淒涼的美嗎？古人說：「春有百花秋有月，夏有涼風冬有雪，若無閒事掛心頭，便是人間好時節。」美跟心情是有關係的，而心情是自己控制的。

動物更有動態的美，萬馬奔騰的氣魄就無以比擬，連蛇的行走方式都美（蛇是迂迴前進，其實人生很少康莊大道，只要大方向對，有時繞一些路也無紡，不必沮喪），蛇花紋的幾何圖形有對稱的美，是很多原住民的圖騰。

黃春明曾經撿過一尾赤尾青竹絲，把牠放到冰箱中做教材。蛇是冷血動物，一冷，就不太會動了，這時，他叫孩子來看這尾蛇：綠的身體、紅的尾巴，顏色晶瑩，誰說紅不可以配綠？後來不小心把蛇放錯冰凍室，拿出來時，身體僵硬，就沒救了。

## 因為真實良善，所以美

大自然的東西美，因為它「真」不虛偽。「真善美」中，真永遠在第一位，一個不真的人，不管怎麼打扮都不會美，真是美的第一個條件。善是良，一個人誠於中，形於外，自然慈眉善目。

善良勤勞的人一定美，米勒的「拾穗」和「晚禱」畫的都是農婦，可是我們感受到一種寧靜的美。我也覺得這些生活中的小人物，比肥肥的裸女更美，因為它代表了勤勞。

尼采說：「藝術使生活精緻。」委內瑞拉著名的音樂教育家艾伯魯（Jose

Antonio Albreu）更說：「音樂和藝術，應該是一個國家留給後代的資產。」我們需要培養孩子的美感，他的人生才會豐富，精神才會昇華。

這絕不代表要送孩子去上一大堆才藝課。如果沒有感動，畫得再像也抵不過照片。音樂美術會使人感動，是因為它把創作者當時的感受，超越時空的限制，傳達給我們了。

美，真的如黃老師說的：「眼睛睜開，處處都找得到。」

# 34 零用錢該怎麼用？

朋友跟她的兒子在冷戰，兩人不說話已經十天了，起因是她唸高二的兒子暑假打工賺了三萬元，因母親在銀行服務，所以想教孩子理財。想不到孩子一口回絕：「這是我的錢，我有絕對支配權，我不想開戶頭做守財奴，我要投資。」她問：「投資什麼？」孩子說：「你反正不會同意，所以不講比較好。」

她氣了，實行焦土政策，不煮飯給孩子吃。但是孩子口袋裡有錢，這一招不管用，還故意打包剩菜回家給她看，表示只要有錢，絕對餓不死。

兩人持續鬥法，最後兒子來問我：「零用錢究竟是誰的錢？若是說那是大人給的，屬於大人，那麼自己打工賺的錢應該屬於自己了，對不對？」

## 給零用錢之前，先確認孩子懂得金錢的價值

我不願捲入別人的家庭糾紛，但是這裡有一個迷思，父母扶養子女是義務也是責任，但是這責任不包括給零用錢，所以孩子不能強求，只能要求。

很多父母給孩子零用錢的理由，是為了教他理財，但孩子很少用這個錢去生財，反而買了不該買的東西，造成親子關係緊張。從孩子觀點，父母買給他的衣服就是他的，為什麼父母給他的零用錢不是他的？

父母在給孩子零用錢之前，一定要先確定孩子懂得金錢的價值。我父親常說：「該花的錢不可以省，那是小器；不該花的錢，不管是誰的，都不可以花，那是浪費。」

那麼，什麼叫不該花的錢呢？對健康及品德不好的東西，如有色素的糖果和賭具、漫畫書等等。因為父親把界線定得很清楚，所以我們知道什麼東西可以向父親要，什麼東西連口都不必開，一定打回票。

現在情況不同了，電視的兒童節目廣告每天都在告訴孩子又有什麼新玩具出來，人都是喜新厭舊，動了心，就會吵著要買。

許多父母不是告訴孩子：「你自己去做一個。」（這是我母親常說的，要玩就自己動手去做）而是叫孩子省零用錢去買。因此，孩子當然會認為，我省下來的錢就是我的，我要買什麼，你就管不到了。我父母那一輩人的做法比較不會有後遺症，因為不該買的東西，不管是誰的錢，都不准買。

## 分清楚想要和必要

現在的人常分不清想要和必要，欲望是個無底洞，沒有品德在旁把持時，人就會為了滿足欲望而失身。

父親常講一個故事：元朝有個大學者許衡，大熱天走在路上時，口很渴，正好路旁有棵梨樹，結實纍纍，別人都去摘梨解渴，只有他不動。別人問他為什麼不去摘，反正是無主的樹。他說：「梨雖無主，我心有主。」

父親接著說，不是別人做，你就可以做，孔子說：「井有仁焉，其從之也？」人要能把握自己的心不受別人誘惑，才不會誤入歧途。人如何抵抗誘惑？只有一個方法，無欲則剛。

出社會後，看到世上幾乎所有的悲劇都來自貪婪，就很感激父親的教導。

所以要給孩子零用錢可以，但是要先給他正確的金錢觀。

# 35 成績不是一切

一位國中的導師寫了封長信給我。他說，最近有個女大學生從一百呎的高空跳下來自殺，遺書說找不到活下去的理由。他問，為什麼會找不到理由？她父親是醫生，家境優渥，她沒有生計的壓力；已是大學生，沒有升學考試的壓力，她為什麼要尋短？

為什麼現在的孩子這麼自私，不會替父母想一想，他們老了會需要你的照顧？為什麼也不替民宿主人想一想，他因你的請求，好心帶你上天空去玩，你跳下去了，害他吃官司，對他公平嗎？

他還說，現在國中生普遍消極和被動，功課不會，不問也不求幫助，完全沒有年輕人應有的朝氣。他曾出過一個作文題目「我對未來的希望」，有個學生寫「我對未來沒有希望，只求有不痛的方式，讓我早死早超生」。

他把學生找來，一問發現父母都是高階公務員，他是獨生子，沒有不想活的理由。

後來才知這孩子每天補習到晚上十點，生活非常單調無趣，父母不允許，他也沒有時間看任何課外書和交朋友；父母只在乎成績，其餘一概不聞不問。他因對什麼都沒有興趣，所以覺得沒有繼續活的必要。

這種學生現在不是少數，因為把成績當作一切的父母太多了。

## 沒有品德，成績再好也枉然

我看了信很恐懼，父母只在乎成績，會害了孩子和社會。

歐陽修在《資治通鑑》中說，春秋時，智宣子選智瑤（即智襄子）做繼承人，智果反對，因為智瑤雖有五好，卻有一不好，他不仁。智果說，一個不仁的人，其他優點再多都沒有用，會眾叛親離。智宣子沒有聽智果的話，後來智襄子倒行逆施，果然使三家分晉，把晉亡了。品德是一切的根本，分數或成績算什麼呢？

司馬光說過，才是德之資，德是才之帥，才德兼顧者是聖人，才德兼亡者是愚人，德勝才者是君子，才勝德者是小人。

如果得不到聖人與君子，那麼與其得小人，不如得愚人。愚者雖欲不為善，智不能周，力不能勝，做不了太大的壞事；而小人智足以遂其奸，勇足以決其暴，是如虎添翼，生靈就塗炭了。所以父母一定要注意孩子的品德，不要過分在乎出了校門就無用的成績。

## 建立品德，從讀本好書開始

那麼，怎麼幫助孩子建立品德，找到人生的目標呢？這必須從大量閱讀做起，尤其偉人的傳記。

查爾斯・瓊斯（Charles Jones）說：「現在的你和五年後的你，最大的差別在你所讀的書和你所交的朋友。」書帶給孩子典範，變化孩子氣質。

有個孩子手指被刀切了，流血不止，但是沒有哭，人家問他：「你難道不痛嗎？」他說：「我剛從廟口聽關公刮骨療傷的說書回來，關公刮骨都能談笑自若，我這點傷算什麼，我想學關公，所以我也不叫痛。」這就是典範對孩子的影響，當孩子崇拜一個人的時候，他一切都想跟那個人一樣，不知不覺中，就把好的行為內化進去了。

在物欲橫流、心靈空虛的現代，生命教育比以前更重要，我們必須讓孩子看到自己存在的價值。我們需要從培養他的能力著手，建立他的自信心；更要從閱讀著手，藉著典範，培養他崇高的人格與情操。

# 36 我來到這個世界是為了什麼？

朋友早年回台做頂尖科技的諮詢委員時，曾應邀參加台灣青年就業論壇的與談人，最近她又回國作評鑑，在晚宴上，她遞給我一張護了貝的紙說，這是她兒子十六歲生日，她先生給她孩子的，也是她先生十六歲時，她公公給她先生的。

她希望這張紙的內容，也會對台灣青年有些幫助，因為人出社會後，容易迷失初衷，需要時時提醒自己這幾句話。

## 孩子內心的抱負，別人強迫不來

我心想，她先生是第三代的德裔美國人，中外風土民情這麼不同，怎麼對我們會有幫助呢？接過來一看，紙上寫著：

我來到這世界是為了什麼？
我能夠做的最好的工作是什麼？
如果我有一切的資源，我最想做的是什麼？
我能用我獨特的能力去為別人做些什麼？
當我離開這個世界時，我希望為世人留下些什麼？

她是對的，現在年輕人缺乏遠大的抱負，不願或不敢放棄安適的生活去外面打天下。我們的學生常常大學都畢業了，還不知道自己要做什麼，但是抱負是對自己的期許，它來自內心的吶喊，別人強迫不來。

她又說，現在的台灣社會，是一個不鼓勵遠大志向與抱負的環境，需要改變。我不太明瞭她說環境的意思，她便問我：「前幾年釣魚台事件時，你的大腦在想什麼？」我說，我在腦海中反覆唱黃自的「熱血歌」：「熱血滔滔，像江裡的浪，像海裡的濤，常在我心頭翻攪。只因為恥辱未雪，憤恨難消⋯，拚著你的熱血，去爭光榮！」

她聽了大笑說，這就是環境的作用，我們是同一時代的人，我們有著同樣被日本人欺負的記憶，所以我們從小便有報效國家的抱負，去外國留學吃很多苦也不怕。

## ♥ 你活著是為了什麼？

「生於憂患，死於安樂」，承平久了，現在年輕人的觀念不一樣了。人一開始重視生活品質，志氣便會消沉，加上現在孩子生的少，父母都太寵孩子，捨不得孩子吃苦，見了孩子總是問「吃飽了沒有」？不知不覺中，讓孩子覺得吃飽是最重要的事，讓孩子以為天下事都該如我的意，若不順利，就是別人的錯，別人對不起我。

其實，孩子的習慣和志向可以在生活中培養起來。我以前唸研究所時，有位老師是著名期刊的總編輯，他說小時候，他父親訓練他從各個角度去思考別人的回答，所以他習慣了對任何答案抱著存疑的態度。他只相信證據，這個習慣讓他成為有名的科學家，並且得到別人夢寐以求的職務。

台灣的孩子從小習慣接受別人告知的知識，也習慣接受大人的安排，很少問自己在人世間活著是為了什麼。當人不知道活著是為了什麼，又沒有一個比自己更大的目標時，人就在求溫飽中，壯志消沉了，聽說現在至少一半的大學生志向是考高考，捧鐵飯碗，真是令人憂心。

我們應該教孩子在十六歲時問自己：讀書對我合適嗎？還是我學到技術會對人類做出更大貢獻？我是要庸碌過一生，還是去闖天下，不虛此生？

# 37 在苦中不覺得苦

看到台灣的生態紀錄片「山林魅影——林鵰」，拿到相當於生態界奧斯卡的日本野生生物電影節大獎，心中非常高興。

天下事的成敗，在於做的人有沒有「心」。三國時代的孫權說：「千人同心，則得千人之力，萬人異心，則無一人之用。」雖然說沒有錢萬萬不能，但是有心就能找到方法，有方法就會成功。

這部影片只花了三百萬台幣，卻打敗了韓國、紐西蘭等花了七、八千萬所拍的電影，在三十九個國家，三百零三部電影的激烈競爭中，脫穎而出，真是太不容易了。

這片子是猛禽研究會的會員林文宏、梁皆得等人，花了十八年的工夫，日以繼夜，追蹤林鵰的生活，從雛鳥破殼、試飛，到成長整個過程的紀錄，是非常難得、前所未有的珍貴資料，難怪會得獎。

## 「苦」背後的意義是什麼

十八年是個很漫長的歲月，他們是怎麼堅持下去的？（聽到他們得獎的消息時，我同事打趣說：「王寶釧苦守寒窯十八年，大登殿上鳳冠霞帔，林文宏也得到了國際大獎，我們的教改何時才能修成正果？」）是什麼力量使他們能夠鍥而不捨揹著笨重的儀器，跋山涉水，不顧蚊蚋叮咬，冒著生命危險，吊繩掛索去拍攝林鵰呢？

這答案是理想、興趣和責任。只要有三者之一，就能使你在苦中不覺得苦。以前讀文天祥的「鼎鑊甘如飴」時，覺得他有點矯情，後來出了社會才知道，所謂的苦是每個人不一樣的，端看這個苦背後的意義是什麼。

做為世界五十大餐廳，還被《紐約時報》選為世界上最值得搭飛機去品嚐的十大餐廳的主廚江振誠，就是一個很好的例子。

他在《初心》這本書中說他去法國米其林三星的餐廳學藝時，光是削馬鈴薯就削了兩年。餐廳是早上八點上班，但是他七點鐘便到了廚房，先把自己份內事做完，當客人多，廚房忙，大廚需要人手時，他便自動過去幫忙，利用幫的過程中，學習每一個師傅的手藝。

這樣辛苦了七年他才出師，所以成功是沒有僥倖的，要在任何領域出頭，一定要能吃苦耐勞。

## ♥ 一開始的苦工非下不可

拍攝野生動物的影片更是除了耐心、恆心、愛心之外，還要有知識份子的責任感。

一般人不要說沒有看過林鵰，可能連名字都沒聽過，更不可能知道牠兩年才繁殖一次，每次只生一個蛋。牠們的主食是飛鼠和松鼠，在四個月的繁殖期中，一個家庭可以吃掉三百隻松鼠。這些知識彌足珍貴，因為沒有知識就沒有了解，不了解就不會去愛護牠，多少生物因人類的無知而絕種。

練基本功是辛苦的，但練成後能隨心所欲的變化，才能成為專家。

一個好的大廚不一定要法國鵝肝、松露才能做出可口的菜餚來，當他對食材的了解到達某一境界時，任何食材在他手上都是珍品，所以一開始的苦工是非下不可的。

有人以為學習就是要快樂，不快樂的學習就不要去做，其實學習是辛苦的，是學成後的成就感才是快樂的。

# 38
# 就業還是經營事業？

兩位同事拿著報紙進我的辦公室說：「所長，請看這兩則新聞。」A新聞是潭美颱風來時，有位大學生去南投圖書館唸書，看到一位阿嬤在路邊賣水果，風把傘吹得要飛掉，他便義務替阿嬤撐傘兩個小時，讓她能繼續做生意；B新聞是大學生願意一學期花一萬五千元請別人代上課，學生說代上課、代考是校園中公開的祕密，兩小時五百元，抄筆記再加價。

同一天兩則完全不同的大學生新聞，使得兩位老師不禁想問，怎樣才能使學生像A而不要像B？

## ♥把每份工作當成一次難得的機會

目前我們的教育沒有讓孩子看到他生命的目的，因此會蹉跎光陰。很少學生在就業時，會想到這是自己創業或經營事業的機會。他不了解老闆付薪水讓我學習，是多麼難得的機會，我要好好把握，找出更好的做事方法，讓老闆看到我其實值得更多的錢。因此，他會坐在那裡等老闆吩咐工作，變成叫一下動一下的機器人，這種被動心態使他不快樂，老闆也不快樂。

以前，找工作是最後的目標，你可以在一家公司終老。現在，找工作是個起點，你必須在工作上成長，開發新的領域，擴大自己的責任，增加自己的長處，成為老闆不可缺的左右手。當機會來臨時，老闆才會推薦你。

就業和經營事業是兩個完全不同的心態，它決定一個人的成敗。沒有目標，人生自然茫然，沒有動機的職業訓練是浪費錢的。

根據賓州州立大學的統計，美國每年花在人員的訓練上大約是一百五十億美元，但是成效不彰。這原因可從兩個例子看出：

一位工廠的老闆說：「我以前辦員工訓練班，但是員工學會了技術就跳槽，不感恩。現在我學乖了，我把工作外包，讓已經會的人去做，不再浪費訓練的錢。」

另一個例子是有一個主管對員工說：「你運氣真好，跟對了老闆，可以從他身上學到很多東西。」員工回應道：「可是我並不想學這麼多。」沒有職場倫理，員工不願下苦工，這是現在問題的所在。

## 企業家不會再僱用只能提供一雙手的人

一百年前，亨利．福特抱怨，他需要的只是一雙手，卻必須僱用整個人。現在的企業家不會再僱用只能提供一雙手的人，因為機器人可以馬上取代他。

現代企業要的是有思考能力、願全心投入的員工。因此，職訓應該是「教導」，而不是「訓練」，因為我們要的是學會了大原則和目標後，能自己發揮創意和生產力的員工。如果想要在某個領域上發揚光大，你必須先精通這個領域，才有可能得心應手。哈林籃球隊享譽全球，因為每一個隊員都是最傑出的籃球國手，把球玩得出神入化。

在二十一世紀，品行凌駕一切，摩根（J. P. Morgan）說：「我不信任的人，即使拿全世界的公債來抵押，我也不會借錢給他。」

人是好逸惡勞的，但是天下沒有不勞而獲的東西，我們現在需要找到策動孩子的動機，至少讓他精通一個領域。只有精通，才會產生成就感，有興趣，自然不會請人代上課。

少壯輕年月，遲暮惜光輝，一塗今未是，萬緒昨如非。

# 39 打開自己的視野

最近許多人關心台灣的高教政策，舉了瑞士、德國、法國的例子來檢討。這些檢討都把責任放在教育經費的不足上，其實教育部五年五百億的錢也花了七年了，並沒有看到什麼了不起的效果，反而覺得現在年輕人沒有冒險創業的精神，才是最大的問題。

有學生說：「我們並沒有那麼想要改變世界，我們班上第一名的想要考高考，謀鐵飯碗，中間成績的人想開民宿和咖啡廳⋯。」竟還有一個高中生說他立志以7-11店員退休。

沒有志向，怎麼會有動機去學習呢？

## ♥想要學，才學得進去

北宋的張載說，讀書人要「為天地立心，為生民立命，為往聖繼絕學，為萬世開太平」，那是多麼崇高的理想。我父親那一輩的成長環境很艱苦，但是都有復國建國的志向，台灣的經濟奇蹟出自他們的手。其實金錢堆不出志向，不是撒錢，台灣教育就會辦好。先要立大志，想要學才學得進去。

那麼，學生怎麼能有大志呢？讀書，而且要讀好書，是唯一的方法，讀書才能打開自己的視野，找出人生的目的。

普立茲獎得主密契納（James Michener）說：「孩子在年輕時所讀的書，會內化成他對國家的認同與人生的理想。」所以讀史是個好選擇。「不知史，絕其智，不讀史，無以言。」我有同學讀了文天祥的《正氣歌》後，立志從軍去做敵後情報員。

但是若不愛史，讀好的小說也一樣，黃春明讀師專時，用大量閱讀來舒解青春期的鬱悶，他讀了很多翻譯作品，尤其俄國的小說，他發現跟小說中的人物比起來，他沒什麼可抱怨的，別人的奮鬥反而長了他的志氣。

## ♥一本好書，可以教你很多課本沒教的道理

閱讀是唯一可以在最短的時間內，把別人的經驗內化成自己知識的行為，富蘭克林說：「經驗是一所寶貴的學校，可惜愚蠢的人只能從這裡學到東西。」人生有涯，不可能事事經驗，閱讀是必要的。

好小說也一樣有力，我出國的時候，台灣很窮，留學生只買得起單程機票，一去不知何年才能返鄉。我想到「獨在異鄉為異客」的情景，想帶本《西遊記》去解鄉愁，我母親不肯，她說出國是為唸書，不可以看閒書。

一番爭執後，我父親讓我帶。他說，一本好的小說就像不在身邊的父母一樣，在心情低落時，可以排解情緒。

《西遊記》讓我看到，天下事沒有一蹴登天的僥倖，得經過九九八十一難才會成功；在社會上會碰到很多毀謗中傷的事，但是「止謗，無辯也」，不要理它；唐僧愛聽讒言，但是日久見人心，孫悟空最後都是對的；出門在外，不要愛惜勞力，沙僧挑擔不抱怨，所以修成正果；世界上有許多人看起來是好人，但是其實是白骨精；去到一個新的地方要「多看少說」，說會洩自己的

底，看才會見到別人之長。

一本《西遊記》，教了我很多課本沒教的道理。

所以，雖然有錢好辦事，但在抱怨沒錢之前，先讓學生找到他生活的目標，立下他人生的大志，然後錢才能發生作用。錢一定要撒在對的地方，才會事半功倍。

# 第四部

# 新時代的教養態度

現代人的生活已經離不開電視網路與智慧型手機，
文明的發展與社會的結構也更加多元複雜，
父母師長甚至是國家，該如何面對日新月異的變化？
又該懷抱著什麼樣的態度教養下一代，
才符合新世紀對新人類的新要求？

# 40 少背一點，多想一些

有讀者來信問，為什麼大腦不能開發呢？如果不能開發，為什麼坊間有這麼多的大腦開發班呢？

這是個很好的問題，裡面有很多迷思，下面從神經學的理論和實驗來回答這個問題。

## ♥ 大腦不能開發，卻有可塑性

我們的大腦只有三磅重，占我們體重的百分之二，但是它卻用掉身體百分之二十的能源，當氧氣和養份不足時，身體各器官會把他們應享有的資源送到大腦去，先給大腦用。腦是最重要的器官，腦死，人就死了。

當大腦用掉身體這麼多的資源時，不可能養冗員，因此，沒有用到的神經元會被修剪掉。

大腦絕不可能像坊間的廣告說的：「你只有用到你大腦百分之十的神經細胞，來我的補習班，我來替你開發剩餘的百分之九十。」大腦是你不用，別人馬上拿去用，因為大腦的資源是太珍貴了。

現在這個迷思的源頭已找到了。一九〇四年，美國在聖路易市舉辦第一屆的世界博覽會，在那裡，有個摸骨算命的攤位打出了這個只用百分之十的廣告詞，後來被人以訛傳訛，像滾雪球一樣，眾口鑠金，很多人就以為是真的，其實它只是一個沒有根據的廣告詞而已。

事實上，只要稍微想一想，就曉得這句話不合理。大自然不可能設計一個器官，只有百分之十在工作，其餘百分之九十在睡覺，它太不符合經濟的原則了。所以這句話，是一個完全沒有事實根據的錯誤迷思。

我們的大腦有一個很了不起的特性，就是「可塑性」（plasticity），它可以因應外界的需求，來改變內在神經元的連接和功能的分配，所以沒有三歲定終身這回事（這也是一個迷思）。

大腦功能的改變其實發生得相當快。有一個實驗，是把正常人請到實驗室來，先用功能性核磁共振（fMRI）掃瞄他的大腦，確定他的視覺訊息是在視覺皮質處理，聽覺訊息是在聽覺皮質處理後，請他們矇上眼睛。只要是醒的時間都得戴眼罩，整整戴五天。為了怕受試者偷偷揭開眼罩，實驗者還會在眼罩內放一個膠卷，只要一揭開眼罩，膠卷就會曝光，這時，這個受試者便被剔除。所以這是個控制得很嚴謹的實驗。

受試者被矇住眼睛時，同時要學讀點字和學習辨識兩個音的差異。當兩個聲音的頻率很相近時，辨識會變得很困難；讀點字對明眼人來說，也是很困難，所以這兩個工作都需要全神貫注才做得好（專注力很重要，它是大腦改變背後的驅力，也是為什麼孩子專心讀書時，效果比較好。我們在實驗上看到，神經元之間的連接，會因專注力而不同）。

五天之後，把眼罩拿掉，請受試者躺到核磁共振儀中，掃瞄他的大腦。研究者發現，才五天，大腦功能的分配就改變了。

當受試者用手指讀點字時，他管觸覺的大腦皮質「身體感覺區」食指的部位變大了，同時，他的視覺皮質也活化起來，幫他解讀觸覺訊息；聽覺的也是，當受試者躺在核磁共振儀中，區辨兩個頻率相似的音時，他的視覺皮質也活化起來，幫忙處理聽覺的訊息了。

所以大腦是用進廢退，而且一直不停在因應外界需求而做改變。

## 新時代「聰明人」的定義

大腦的適應力很強，改變得很快，才五天，就重組了它原來的功能。大腦的可塑性，使我們可以應付外界突發的各種意外情境。大腦若是定型了就不能變動，那麼我們的祖先就無法度過冰河時期的災難了。

人類大腦的這個可塑性已有很多的實驗證據，現在甚至有證據，冥想也能改變大腦的結構與功能，它是一個事實，已經沒有任何爭議的餘地了。

至於什麼叫聰明呢？我們的定義是「在新環境，適應新情境需求的能力」，也就是「應變能力」以及「預見事情發生的能力」。例如，搬到一個新的地方，有些人會馬上巡視一下新環境，了解新環境所提供的資源（如看逃生門在哪裡、樓梯在哪裡，有點像武俠小說中的做案前先勘察地形），然後去看提供每日生活所需的地方在哪裡，如超級市場、加油站等等。

有智慧的人有預見事情發生的能力，能未雨綢繆，先做好準備。我們認為能這樣做的人是聰明的，是先知先覺的；不能這樣做、等待事情發生才反應的，是後知後覺的人。

這個先知先覺的能力包括敏銳的觀察力，體會別人感覺的同理心能力，以及有效的執行能力，因此檯面上成功的人多半是細心、體貼、陽光型的人。所以父母不必再送孩子去補習班了，因為這世界不缺乏會唸書的人，但是缺乏會察言觀色、懂事、會做事的人。

在二十一世紀，我們在乎的不再是考多少分、考第幾名，而是能不能把一件困難的事做好，並且樂在其中（全心投入才可能面帶笑容）。有好奇心、執行力和毅力，才是符合新時代要求「聰明」的人，「背多分」是十九世紀過時的唸書方法。

請把要背的東西交給電腦去記，把孩子大腦的資源釋放出來做組織和整理，這才是新世紀對新人類的新要求。

# 41
# 別給孩子太多刺激

坊間有很多早教的廣告都宣傳「要給孩子足夠的刺激，大腦才會發展」，家長看到後，便來信問，要給孩子多少刺激，才是足夠的刺激？兩歲的孩子需要送去早教接受刺激嗎？

大腦神經的發展的確需要外界的刺激，但是過猶不及，以目前國內情況來說，刺激不夠幾乎是不可能的事，現在的問題在於父母望子成龍心切，給予孩子太多的刺激了。

## ♥刺激太多或太少，都不利大腦發展

最近有一些研究發現，整天都在聲光轟炸之下（有父母孩子眼睛一張開，就八個喇叭同步放英文錄音帶，也有人整天放莫札特音樂），這種疲勞轟炸反而使嬰兒脾氣暴躁、不耐煩、好動。

所有的資訊都是需要經過整理、消化後才會成為自己的知識，從睡眠實驗得知，白天學的東西在晚上睡覺時，會拿出來整理，睡眠有「去蕪存菁、溫故而知新」的功用，如果白天進來的訊息太多，大腦處理不了，就會變成了壓力。壓力太大，嬰兒會做惡夢。

任何事情，不管多簡單，只要超越能力，就是壓力。其實嬰兒本來眼睛一睜開就在學習了，不必特意送去早教班學那些以後一定會學到的東西。

兩歲孩子的天職是遊戲，父母常忽略遊戲的重要性，研究發現遊戲和閱讀是促使神經連接最好的兩個方法，孩子只要在正常的環境中生活，大腦的刺激就夠了，不必送早教班，因為那時的記憶多半是內隱的記憶，從經驗中自然得來的。

佛洛伊德曾經提出一個「童年失憶症」的名詞（childhood amnesia），因為在幼稚園前，管記憶的大腦部件——海馬迴尚未發展完成，語言的運用也不是那麼好，那時的學習跟後來進學校的外顯學習機制不同，內隱的學習不需特意教，從模仿而自然習得。實驗發現負責模仿的鏡像神經元在嬰兒出生四十分鐘便開始運作了。

孩子大腦發展第一需要滿足的是安全感，有安全感，情緒發展才會正常，這個安全感對他一生的影響遠超過二十六個英文字母的學習，父母不要把優先順序弄反了。

其實孩子在父母身邊，眼睛所見是將來要生長的環境，耳朵所聽是將來要講的母語，這些刺激就足夠了，刺激太多或太少都不利大腦的發展。

## 上早教班，不如多陪孩子

大腦的發展需要時間，父母不能性急，開竅的早晚也有基因上的關係，父母不可去責怪孩子。

學習的曲線不是線性，而是波浪形，我們一開始學習新功課時，常聽不懂老師在講什麼，但是有一天突然開竅了，理解力就上了一層樓。

這個「開竅」，其實就是大腦從一堆吸收進來的東西中，找到了頭緒，把它組織成一個合理的架構。學習常會有一陣子沒有進步，突然就更上了一層樓，這也是教育必須有耐心最主要的原因。

因為早期學習的機制是模仿，所以父母跟孩子的互動很重要，跟他說話，帶他去上菜場、走親戚，在自然的生活環境下的學習是個快樂的學習，因為沒有壓力。

千萬不要讓早教打壞他學習的胃口，若是每天上課就要比成績、比進度，孩子厭倦了學習（英文叫「burn-out」），以後終身吃虧。

其實人生是場馬拉松，最後的成功才是真正的成功。童年一晃而逝，快樂的童年是情緒的基石，沒有什麼比在父母身邊過日子更快樂的事了。

孩子有一輩子的時間去學新的東西，但是他在父母身邊的時間是有限的，請珍惜它，利用這段時間把品德、做人道理教給他。

# 42 網路使用的新課題

在交通車上，我同事很傷感的跟我說：「我昨天去註冊臉書了，不這樣，我根本不知道我兩個女兒在搞什麼。」

他嘆口氣說：「多悲哀呀！我們那個時代，常抱怨父母親不了解我們，但是至少那時代我們的父母親是沒讀過什麼書，也沒見過什麼世面的人，觀念跟我們不同，我們有理由說他們不了解我們；但是現在，我女兒也說我不了解她，我是玩ＰＣ長大，才四十二歲的大學教授，我怎麼會不了解她了呢？我很不喜歡臉書，因為那是浪費時間的東西，但是我必須知道臉書上面有什麼，我跟她們才有話講。我真的很怕她們在網路臉書上出了亂子，而我連知都還不知道！」

## 新科技衍生了新問題

他於是告訴我，他朋友的孩子不懂事，誤信男朋友，在臉書上放了一些不該放的照片，她以為除了男友，別人看不到，想不到男友把相片傳了出去，結果全班都看到她的裸照。她父親氣到一夜之間，頭髮全白，但是已經沒辦法了。

訊息在網路上的傳播有點像《西遊記》中，觀世音菩薩的淨瓶，剎那間，五湖四海都走遍了。這位父親只好賣屋籌錢，把女兒送出國去重新開始生活。

這就是現在所有父母的悲哀，時代變化太快，科技也進步太快，新的潮流、新的語詞不斷湧出，日新月異，目不暇接，稍不留意就被更新的一波所淘汰掉。當你還在研究這款手機的多功能用法時，它已經不流行了，你的孩子已經在玩更新的款式了。

高科技，雲端來，雲端去，來無影，去無蹤，很少人知道它背後的意義究竟是什麼。像最近發生的稜鏡（prism）事件，很多人不知道美國國安局究竟是怎麼利用網路來監控老百姓的，更不知道所謂的駭客又是怎麼駭進你的系統裡的。

我有好幾位朋友是在電腦或手機送修時，裡面的機密被人竊取，然後惹上麻煩的。尤其現在智慧財產權沒人搞得清楚，我們常常被別人侵犯了自己不知道，更糟的是，自己被告了，自己也不知道為什麼。

## 學習網路知識保護孩子，也保護自己

我這位同事舉例說，一位學生在課堂上用手機錄影老師上課的情形，他說是供自己回宿舍讀書時參考，但是其他同學央求他分享，於是他便放上了臉書。沒想到老師在上課時有用到一張別人的圖片，透過網路的傳播，那個圖片的主人看到了，找上門來了，老師吃官司了。

他的話聽了令我直冒冷汗，以為他言過其實，他正色說，最近有個建築公司花了二千萬買了雕塑家朱銘的太極作品，卻被起訴，因為他只擁有這個作品，卻無著作權，他不能製成圖片在廣告上刊登，侵害了朱大師的著作財產權。

現在法條之細，已不是一般老百姓所能了解的，不小心就會觸法。

我去曉明女中演講時，請父母把電視和電腦放在客廳等公共空間，使父母可以知道孩子在上什麼網站，結果校長馬上接一句「還有手機」。是的，晚上睡覺時，孩子還得把手機交出來，不然他們躲在棉被中玩手機，對眼睛的傷害更大。

所以現在的父母不但要了解孩子在網路上玩什麼，自己也要有足夠的網路知識去保護孩子，不然像前面的女孩一樣，醜事會使這孩子一輩子抬不起頭來。

只是當孩子都在作低頭族，一天平均發一百一十則簡訊時，我們怎麼令他們抬起頭來聽我們說呢？

# 43 關掉電視，一起看書吧

一位媽媽哭哭啼啼來找我說她要報考研究所，因為她女兒看不起她，跟她講話沒有好口氣，常常把「你不懂」掛在嘴邊上，令她很傷心，但是她多年不曾碰過書本，不知該如何準備。

我聽了很驚訝，這是我所聽過最不是理由的理由，試想：如果父母學歷高，兒女就聽話，為什麼會有高學歷的教授在苦惱孩子叛逆？

## ♥ 時代在變，父母也要跟上改變

孩子會叛逆，背後一定有理由，多半是父母用高壓政策管教孩子，或有偏心不公平的行為，或父母在孩子面前做出不恰當的行為使他看不起。

當父母在孩子心目中失去尊敬的地位時，他才敢跟你頂嘴、不甩你，因為說話的禮貌，代表了長幼尊卑的倫理次序，我們對我們尊敬的人，心中再不服也不敢說：「你憑什麼管我？」我請這位母親回去想一下，有沒有什麼讓孩子叛逆的理由。

她回去後寫了一封長信說，因為她一直認為是學歷的關係，所以沒有去想其他的可能性。當換一個角度去想後，她承認在孩子小時候，她因為忙（要燒一大家族十三個人口的飯菜），沒有時間解釋對錯的原因，對孩子說話常用命令式；又因大家族，妯娌會比較，孩子表現不及別人時，她會用打的，一方面是打給她婆婆看，她有盡責管教孩子，另一方面也是恨孩子不爭氣，用打出氣。

孩子因為不知道為什麼犯錯，因此會再犯，而再犯時她打得更兇。孩子曾跟她說，她一長大就要逃跑。她一聽抓狂，差點把孩子腿打斷，弄到孩子不能上體育課，老師還特地來做家庭訪問。打罵在孩子的心靈留下了很長的傷疤，現在用拒絕溝通來報復。

現代的父母的確難為，因為資訊出來得太快，父母不用功，真的會跟不上時代。所以父母也要讀書，當你的知識（不是學歷）令孩子信服時，他會尊敬你。

我們以前尊敬老人，因為他們有很多人生的經驗是我們沒有的，人生的經驗其實就是智慧，人會尊敬有智慧的人。

## ♥學歷無法引起別人尊敬，知識、品德才會

我勸她盡量多讀書，多了解新的趨勢，使她跟孩子有話談。她抱怨說孩子不看書，兩人沒話談。

其實模仿是原始的學習，孩子不讀書多半是大人自己也不讀書，父母若能在孩子做功課時，把電視關掉，自己也拿本書起來看，孩子不久就會去偷看一下你在看些什麼，因為好奇心是動機的原動力。

你再利用這個機會把書中情節介紹一下（但不要講出結局），從過去推廣閱讀的經驗中，你會看到孩子把大人在看的書拿起來看了。這時，你再跟他討

論內容，就更會引起他看書的動機。

要把孩子帶進閱讀的門不可心急，從每天看十分鐘開始，慢慢增加時間，等養成習慣後就可以放手了。

閱讀是改變一個人最好的方法，透過故事的描述，正確的觀念一點一滴的進入孩子的心中。

我曾看過一個怎麼講都不聽，總是隨手丟垃圾的孩子，在讀完《豐河的祕密》，看到人類汙染地球造成小水獺眼見母親被魚網勾住，活活餓死，父親因為山林開發，無地可棲息，被野狗咬死，他從此被嚇到後，就不再亂扔塑膠袋，也願意做資源回收了。

所以我勸這位母親從現在開始，把時間和注意力放在孩子身上，透過書本閱讀、家事的分擔（讓孩子知道母親生活的不易）改善母子關係。

學歷無法引起別人尊敬，知識、品德才會，不要弄錯了努力的方向。

# 44 和孩子同甘苦，共患難

朋友的孩子段考沒考好，被他母親少一分，扣一元，扣光了零用錢，他非常不甘願。

他說，他之所以沒考好，是因為他媽媽整天看電視，從他回家一直到他上床睡覺，電視都開著。他其實很想專心，但是各種廣告聲吵得他不能好好做功課。他問我，有沒有證據說看電視會干擾讀書？他要把他的零用錢要回來。

證據不但有，而且還不少，因為我們閱讀時，雖然是用眼睛看，但是這些字在腦海中會轉換成語音來處理，一般簡單的文章可能不需要經過語音轉換，但是困難的文章就要。

## ♥工作記憶的處理能力十分有限

有個實驗是在大學生的喉頭貼上小電極，偵察喉頭肌肉的震動。結果發現，學生在看報紙時，喉頭肌肉沒有動，但是在閱讀愛因斯坦的《相對論》或莎士比亞的劇本時，喉頭肌肉就有震動，表示雖然沒有出聲，但是有在默唸。

對閱讀還不是那麼熟練的小學生來說，他們在做功課時，會需要把字的聲音在腦海中唸出來，以延長訊息處理的時間，讓前後文的語意明瞭。因此，母親看電視的聲音，的確會干擾他做功課。

那麼，為什麼兩個聲音（孩子自己默唸的和電視的聲音）會互相干擾呢？我們都有過這個經驗：你在寫信時，有人跟你說話，結果你一不小心就把別人話裡的字寫到你的信裡去了。原因是我們的工作記憶（working memory）很小，只有七加減二個單位那麼大，當你在寫信時，這個字後面的三到五個字，已經在工作記憶中等待被寫出來，如果這時有人跟你說話，兩個字在工作記憶中競爭，你就寫錯字了。

就訊息處理的理論來說，訊息進來後，先要經過工作記憶的處理，才能進入下一個階段。

工作記憶有一部分是語音的記憶，一部分是影像的記憶。語音的記憶比視覺的記憶長，我們的視覺暫留只有四分之一秒，但語音的記憶可以到二十秒。

我們都有這種經驗：在公共電話亭打電話問一〇四，某個餐廳的電話號碼是多少，接線生告訴你之後，如果你手邊沒有紙筆，你其實可以把這八個數字，暫時儲存在你的工作記憶中，掏出一塊錢投進去，把號碼撥出來。但是假如你錢投進去，正要撥號時，有人敲你的玻璃門，跟你說：「對不起，小姐，跟你換個錢。」

你雖然沒有理他，但是剛剛的數字已經不見了，因為「對不起，小姐，跟你換個錢」是十個語音，硬是把剛剛接線生告訴你的八個數字，從工作記憶中給擠出去了。

## ♥ 父母自己先關掉電視吧

所以，孩子在做功課時，父母最好不要在旁邊說話或開電視，免得干擾他閱讀。

其實，要孩子好好做功課，最好的方式是父母也一起拿起書來看，這樣孩子會有「同甘苦，共患難」的感覺，即使功課很多，他也不會抱怨。

學習要有情緒與動機，假如父母在看電視，卻叫孩子去唸書，他心裡會不甘願，會想：「為什麼你可以看，我就不可以看？」心一不平，書就讀不進去了。

以目前電視節目的水準來說，父母還是在旁一起看書的好，一方面給孩子做好榜樣，一方面也增加自己的知識，淨化自己的心靈。

# 45 重點畫再多，大腦不動也沒用

一位媽媽把他兒子的課本拿來給我看，跟我說：「你看，重點都背得滾瓜爛熟了，為什麼還是考不好？」我一看，果然書上畫了滿滿的重點。

這孩子可能很用功，但讀書的方法不對。古人說：「做工不由東，累死也無功。」若考填空題，背重點會有效，若考申論題就破功了，因為申論題要的是各個事實之間的關係，必須把事實集合起來全盤思考，才會答得令人滿意。

## ♥畫重點是否有效？科學實驗早有驗證

二〇一三年，華盛頓大學的講座教授羅迪格（H. Roediger）寫了一篇文章，感嘆的說，生物學的發現能馬上應用到醫學上，使醫學突飛猛進，但是認知心理學的發現，卻很少被用來改進教學方法。

心理學早在一九七四年，就知道畫重點不是有效的學習方式，但是到現在為止，還是有老師在上課時，直接叫學生拿麥克筆出來畫重點。手可以畫一千遍，大腦若是未動，也是枉然。

有個實驗是把大學生分成三組，給他們看一篇科學論文，一組是可以自己畫重點（主動組），另一組是讀別人所畫的重點，但自己不能畫（被動組），第三組只是讀，不畫任何重點（控制組）。閱讀時間一樣，一週後，他們再回到實驗室，給他們十分鐘溫習後，接著考試。

結果發現，主動組並未比其他組考得好。仔細分析主動組的表現時，發現如果考題正好是有畫到線的，主動組的表現就比被動組的好，但是考題落在沒畫線的地方時，成績就沒差了。

主動組畫線部分的成績比較好，是因為注意力的關係，畫線使那段文字突出，學生就記得了。但是畫線太多（即抓不到重點）時，突出的效應會消失。例如，要背一堆傢俱的名稱，如床、桌、椅，這時突然出現個牛，那麼受試者對牛的記憶力，會比牛出現在豬、羊、雞中時來得好，因為它突出。

許多實驗顯示，不論讀的是什麼資料、文章的長度是多少（從幾百字到幾千字），讀完馬上測驗，或是一週或一個月後再回到實驗室來接受測驗，畫重點都不是很有效的方式。

不論實驗怎麼做，最大的差別在於學生讀文章時，有沒有動大腦去思考，把目前的知識和過去的背景知識連接起來。

## ♥善用經得起科學驗證的學習方法

孔子說：「學而不思則罔。」不去思考時，學生所記的就是課本上所給的，是死的知識，考題稍微改變，就不會作答了。

畫重點只有在考填空題而且題目出的跟課本一樣時，才有效，但是表達一個意念有無數的方式，學生若不了解畫線文字背後的意義，就會像背數學一樣，題目一改變就不會作答了。

羅迪格教授指出「思考」是最有效的學習方式：當孩子沒有背景知識時，

他的確需要背定義、背公式來建立這個知識的網。一旦初期的知識建立起來後，廣泛閱讀，尤其在不同的情境下，閱讀到同樣的概念，對孩子學習的益處最大。

事實上，背英文生字最有效的方式就是這個方式：在不同的情境看到同樣的生字，不但可以幫助孩子學習這個生字的意義，還使他學會正確的使用方法。

學習是有方法的，過去很多的方法其實並沒有經過科學的檢驗，如「再讀」（rereading）也被發現無效。我們要想辦法讓新的科學知識進入教室中，使學生的學習能事半功倍。

# 46 無電生活的啟示

看到《聯合報》用整版的篇幅，檢討尼特族（NEET，Not in Employment, Education or Training，即不升學、不就業、不進修，不參加就業輔導的年輕人），令人怵目驚心。

它的原因很多，不是我用一篇小小文章可以涵蓋的，倒是美國有一個青少年的研究可以供我們參考。它發現年輕人酗酒嗑藥的原因是無聊，生命沒有意義，人生沒有目標。

為什麼會這樣呢？除了孩子本身的原因，我們的教育有沒有值得檢討的地方呢？

## ♥讓孩子再也不會喊無聊

說實在，台灣教育的思想和觀念一直沒有趕上時代，只要看現在的考題跟五十年前我唸小學時差不多，就曉得了。

在這個資訊爆炸的二十一世紀，學校已經不是在教什麼知識了，因為教科書趕不上知識的翻新。現在教育的目的，在培養人格和情操，教學生正確的價值觀和做事的態度。

沒有提昇孩子心靈的層次，給他遠大的人生目標，他會迷惘，不知唸書有什麼用。我們也沒有讓他們看到為什麼知識是力量，我們沒有讓他們看到學習的目的，反而使他們覺得自己是考試的機器。

我們高唱快樂學習，其實是錯的，學習是辛苦的，它需要下苦功，只有學會了，可以學以致用時，才會感到快樂。

澳洲有個媽媽家裡斷電六個月，硬是點蠟燭、燒柴灶，讓她四個小孩了解電燈一開，房間就亮，水龍頭一扭，水就流出來，不是本來就這樣的。它是前人智慧的結晶，沒有文字，文明無法傳承下來，它代表的是知識的力量，人生有比打電玩、送簡訊更重要的事。

她的孩子天一亮就得起床，用日光讀書；趕在天黑之前，做完學校的功課。她後來出了一本書，描繪這個鍛鍊孩子的過程，她孩子從此不喊無聊（找到書的陪伴），人生不再沒有目標（還有廣大的世界要去探索）。

## ♥ 找回人生應有的態度

時代的潮流不可逆，所以不必把科技的發明當作洪水猛獸，但是不要忘記文明社會最基本的條件還是品德，而且敬業的態度比以前更重要，因為以前人不敬業，影響的可能只是個人，現在人不敬業，受害的是團體、社會，甚至國家。之前發生的三件匪夷所思的社會新聞就是個例子。

台電東部發電處發生了修隧道電線的工人未出來，便放水淹死一名員工之事。我小時候，做事情有一定的規矩，工人出工，需要領牌，牌子未交回是不可以放水的，這個因一時輕忽而造成的遺憾，令人痛心。

在同一天，一架從台北飛台東的班機，要降落時，發現跑道上有另一架飛機正在滑行，機師立刻拉起機頭，避開了空難。

在這之前，又有一班從台中飛澎湖的班機，因電腦顯示跑道有問題不能降落，重飛三次失敗後，讓旅客在台中住一夜，第二天一早順利降落後，才知道跑道其實是沒有問題的，是飛機飛行航線地圖電腦未更新。

這是警訊，不可忽視。現在很多年輕人不去工作，有工作的人又不敬業，敬業的人又不被長官肯定（所謂「苦幹實幹，撤職查辦」），使得台灣變成一個沒有生機的大悶鍋，這是危險的。

第一屆十二年國教國中會考的作文題目是「面對未來，我應該具備的能力」，很多學生寫語文能力、專業能力。當然這些能力都很重要，因為它是敲門磚，但是我心中覺得更重要的是敬業的態度，有能力沒態度也是枉然。

敬業的態度是個習慣，它來自平常生活中一絲不苟的做事方式，需要從小養成。

# 47 你還在聽「有人說」嗎？

一個研究生發現自己懷孕了，很高興的來報喜，卻又很困惑的問：「有人說教養孩子從懷孕開始，又有人說等他懂事再教，究竟哪個對？」

我很驚訝的看著她說：「你是個研究生，又上了這麼多大腦發展的課，怎麼會聽從『有人說』呢？你自己的主見呢？」

她有點不好意思的回答：「懷孕時就教是太早了些，等他懂事再教又太晚了，應該是一出生就開始教。」

## ♥沒有思考能力是件危險的事

她走後，我有點感慨，唸到研究所還會被「有人說」所影響，我們學生「獨立思考」的能力呢？為什麼台灣的人民，這麼容易受廣告的影響？明明是個演員，但是只要穿上醫生的白袍，就會相信他賣的藥，忘記他是個演員，不具專業醫生的身分。

很多被騙的人都受過高等教育，卻不會用邏輯的反證法去反證它，使人擔心以後台灣的孩子，會愈來愈容易讓人牽著鼻子走。

邏輯思考是人和動物最大的差別，人會三段論法，動物不會，為什麼一個穿白袍的人說「百分之八十的牙醫都用某牌牙膏」時，我們不會問他，你的樣本群有多少人？如果只有五個人，那麼這百分之八十就一點意義也沒有了。我們的教育沒有好好訓練學生的思考能力，是件危險的事。

最近大家為了十二年國教的評比方式吵得很厲害，這也是一個思考沒有抓到重心的例子。

怎麼沒有人去問，十二年國教應該改革什麼教學內容，使我們的學生能應付二十一世紀的挑戰？它更要改革什麼教學方法，使我們的學生能喜歡學習？

其實現在資訊翻新很快，當教科書印出來時，很多知識已過時了。我們應該把教科書當作大綱，讓學生上網去查詢最新的資訊，而不是叫學生去背教科書。上課不應該再老師說、學生抄筆記，而是學生站起來做報告，老師聽他報告的對不對。

## ♥教育就是個「心」而已

現在的台灣，論國際化，我們的英語能力比不上香港；論高科技，比不上日本；論品牌，比不上有政府作後盾的韓國；論財力，比不上新加坡；論勞力，比不上大陸廉價，請問台灣該怎麼辦？我們要何去何從？

細想起來，我們唯一可發展的是創意——用我們的腦力來和別國競爭，和基於我們傳統文化禮義之邦的服務業。在創造力上，學生必須有足夠的背景知識和生活經驗，才會有創意出來；在服務業上，學生必要有足夠的文化水準，品質才會提昇，因此教學一定要改變。

教學的改變其實沒有那麼難，只是人喜歡熟悉的東西，不喜歡變動而已，因為大腦是懶惰的，熟悉的東西使我們用最少的資源可以過一天，學新的東西總是多花腦力。

在研究上，人不會記得他不懂的東西，因此，只要讓學生懂，他就會去發揮。

我們以前上歷史課時，很多同學把隋煬帝的「煬」寫成「陽」，老師就在黑板上寫：煬是「好內遠禮曰煬，去禮遠眾曰煬，逆天虐民曰煬」，古代皇帝死後，是以他一生的政績來諡號，大多數是文帝、武帝，但是因為楊廣暴虐，所以他死後被諡為煬帝。

老師這樣一說明後，同學就沒有再寫錯了。

所以只要老師讓學生了解，學生自然不犯錯。教育就是個「心」而已，師生都用心，教育就成功了。

# 48
# 練字的好處

有位國外學者要來實驗室參觀，我便請助理寫個條子給樓下的警衛，請他放車子進來。

助理非常勤快，立刻打開電腦打字，我很驚訝，就這麼幾個字，隨手一寫不就好了嗎？助理不好意思笑著說：「老師，我很多字都寫不出來了，而且我的字很難看，我怕警衛伯伯看不懂。」

原來這孩子是e時代的產物，習慣了用滑鼠去點選字。難怪現在學生的考卷別字連篇，常改得我頭昏腦脹，非得讀出音來才知道他們在講什麼。

他們認得字，但不太確定這個字怎麼寫，有點像我們當年在美國留學時，不會拚的英文字就草草寫了大概形狀，讓老師自己去解讀。想到我翻譯五十二本書，一千多萬個字，都是一個字一個字寫出來的，不禁感嘆自己生不逢時，小時候沒有電腦這個東西。

## ♥寫字可以促進神經連結

那麼，既然電腦這麼方便，為什麼我們現在還要學生抄寫生字呢？因為經驗是促使神經連接最有效的方法。

寫字時，大腦要命令管手的運動皮質區，按照字的結構順序去運動手臂的肌肉，把字寫出來。

肌肉是有記憶的，肌肉動作的順序，就幫助了我們對這個字的記憶，強化了對這個字的認識。其實，現在中文電腦的「小蒙恬」軟體，就是用筆順來輸入的，若筆順不對，字就叫不出來。

此外，大腦是凡走過必留下痕跡，我們在中風的病人身上看到，筆順是進入大腦的另外一條路。

有位中風的病人，不能讀，但能聽寫，只是自己手寫出來的字又不認得

（這種情況在臨床上偶爾會看到），我們請她聽寫「國家」，她寫出來了，卻認不得。她不甘願自己寫得出來卻認不出來，便用手指在空中一直畫這個字，大約五分鐘後，她說「國家的國」，就對了。

所以，在學校中我們常要學生「動手做」（hands-on），自己做過的事便不易忘記了。

## 別因為電腦的方便不練字了

練字有很多好處，「字為文章之面目」，工整的字會令閱卷者心中未看先有好感。同時，練字會使人專心，字要一筆貫徹，墨的濃淡如瀑布一氣呵成才好看，毛筆字也快不得，它訓練你耐心地把一件事做好。

練字是我們小時候每日的功課之一。我的啟蒙字帖是顏真卿的《麻姑仙壇記》，我一接觸就很喜歡，後來長大讀到他的事蹟，知道他正直不屈，盡忠殉國，「字如其人」，跟他的字帖給我的感覺一樣，難怪我喜歡顏帖。我妹妹學的是褚遂良的《雁塔聖教序》。顏和褚都是大書法家，但字很不同。

過了六十年，現在回頭看，我外公當時替我們每個孩子挑字帖時，真的很用心，我們姊妹個性不同，所以他替每個人挑的字帖也不同。

書法是個很好的修身養性藝術，相信看過董陽孜老師作品的人，沒有不喜歡的，也沒有不驚嘆中國字可以寫得如此出神入化的。書法是中國傳統藝術的精華，不要因為電腦的方便而讓它失傳了。

# 49 孩子需要的是典範

《中國時報》最近報導了一則麻省理工學院的研究：單親媽媽撫養長大的男孩比較難有成就，他們以後也較易離婚，製造出下一代的單親家庭。

這個新聞令許多單親媽媽恐慌，一位朋友流著淚說：「我沒想到當年的錯誤選擇，害了我孩子一生。」

## 單親家長不用過度恐慌

這份資料是用統計的方式，比較一九七〇到二〇一〇年間美國人口普查中，白人、黑人、墨西哥裔，在種族、性別、教育程度、收入和婚姻狀態上的情形。它描述的是鐘型曲線上大部分人的情形，不是每個人皆如此。

一般來說，這些母親會選擇離婚，多半是先生酗酒、嗜賭、吸毒或家暴，就像作者自己說的，他的母親就是因為他的父親既酗酒又嗜賭才離婚。但是從犯罪的研究上知道，這些不好的行為有基因上的關係：同卵雙胞胎一出生就被不同家庭收養，長大後，他們的行為跟生父較相似，跟養父較不相似。

研究發現，有一個暴力基因在X染色體p11的地方，它跟製造MAO-A（單胺氧化酶A，Monoamine Oxidase-A）有關。研究者用基因剔除方式，製造出缺少這個基因的老鼠，把牠們關在一個籠子裡時，牠們會互相咬到沒有皮、沒有毛，慘不忍睹。但把MAO-A注射回牠們身體，二十分鐘後，牠們就安靜蹲在成對角線的角落了（老鼠沒有學過幾何，但是牠們知道對角線的距離最長）。

動物大部分的行為有基因上的關係，人類也不例外。但對人來說，它不是基因決定論，它是先天和後天的交互作用，這個暴力基因只占暴力行為的百分之二十九，剩下的百分之七十一，是後天環境潛移默化和耳濡目染的結果。

孩子從小看著他的父母用拳頭解決事情，他也會在不知不覺中，碰到問題，拳頭就先伸出去了。有研究發現，三歲以前，每個月被打過一次的孩子，五歲時，打人的機率比沒被打過的高兩倍。

同時，美國女性不論種族，她們的社經地位一直都比男性低，即使唸到博士這種高學歷，仍然如此，只是差距沒有像中輟生那麼大而已。

經濟資源少，單親母親在維持生計上來說，就比單親父親辛苦，她們平均陪伴孩子的時間比男生少一個小時，也就不足為奇了。

## 典範不一定要是父母親

作者說，單親母親的兒子因為缺少同性的角色模範，所以較不成材，其實，如果這個父親會吸毒、酗酒、打人的話，這種角色模範不要也罷。

典範不一定非來自父親不可，任何年長、品性端正的人皆可替代。猶太教中就有「兄長」（Big Brother）的制度，在孩子成長的過程中，有一個非血緣關係的兄姊陪伴他長大，有時更可談心。

當然，孩子更可從書中尋找典範，歷史上有許多單親的孩子都成了大材，如諸葛亮、歐陽修等等，不勝枚舉。

這份報告有許多值得商榷的地方，單親的母親不要恐懼，更不能失志。

李商隱說：「天意憐幽草，人間愛晚晴。」失婚不可悲。古人更有句話：「好男不靠父母養，好女不著嫁來衣。」我們要告訴孩子：造命者天，立命者我，人是靠自己，若能把一付壞牌打到滿貫，那才叫真工夫。

# 50 考不出思考能力的考試

有位教授在報上投書「請給國中生活路」，他說如果給國中的數學老師寫國文考卷、英語老師寫數學考卷、國文老師寫英語考卷，他們也考不好，因為我們考了太多不需要學的東西。

我看了心有戚戚焉。李遠哲剛回國時，看到大學聯考的化學考卷也說，如果他來考，也考不上。

## 考試不該考些枝微末節

我們小學的考試究竟有多難呢？報上曾經登過一次小學四年級的國語考試

題目：「請決定下面題目是：目的複句／遞進複句／條件複句／承接複句／假設複句／因果複句／轉折複句／映襯／引用／排比／譬喻。」

我看了傻眼，竟不知有這麼多種的複句。更驚訝的是，小四的學生有必要學什麼是「複句」嗎？他們又不是語言學家。我以為小學國語課的目的是增加孩子的語文能力，考複句的目的是什麼呢？這只會使學生恐懼上學，厭惡國語課而已。

國中的考試也好不到哪裡去。一個國中生寫信來說：學校的國文課本選了一篇我的文章，老師要他們決定這篇文章是抒情文、記敘文，還是論說文？他不知道，所以寫信來問。

其實我也不知道，我們以前上作文課時，老師說，心中有話用筆把它寫下來就是作文，作文要有頭有尾，前後呼應，若寫到別人看得懂，起共鳴的，就是好文章。我很慶幸我生的早，不然一定會留級。

其實在二十一世紀，廣度和深度一樣的重要，如果時間都拿來考那些枝微末節之事，學生哪有時間去看增廣見聞的書呢？

現在學生的廣度，坦白說，實在不夠。有位教授在上馬爾薩斯（T.

Malthus）的人口論時，一個學生問他：「馬爾薩斯不是狗嗎？為什麼會影響二十世紀的政治？」

他心想，難怪台灣學生會以為翁山蘇姬是日本A片女優，曼德拉是星巴克的咖啡。我們的學生光背課本就背不完了，根本沒有時間去深讀內容，所以常會張冠李戴，關羽戰項羽，岳飛打張飛。

## ♥ 訓練孩子的思辨能力

該讀而不讀的項目中，最令人感慨的是哲學。

外國高中生必須讀哲學，因為哲學是思辨能力的訓練，缺乏這個能力，易被別人牽著鼻子走，缺乏獨立思考的能力，在民主社會是件非常危險的事。台灣很多父母相信「不要輸在起跑點上」這句廣告詞，就是忘記了「大器晚成」能馬上反證它。

法國的高中生畢業前要考哲學，考題如：「假如沒有政府，我們會有更多的自由嗎？」、「我們是過去的奴隸嗎？」、「科技的發展會威脅到我們的自由嗎？」、「語言會背叛思想嗎？」這些都是很好的辯證題目，可以讓學生思考。

我很反對重要的考試用選擇題和是非題，因為考不出思考的能力，新進教師的篩選尤其不能用選擇和是非，因為考不出教師應有的熱情與愛心。但是不管怎麼建議，掌管教師資格考試的官員每次都以電腦不能改問答題來搪塞，忘記了考試的目的是選拔人才，怎能為了作業方便而犧牲了目的呢？

嚴長壽董事長說，台灣有三分之二的科系可以不必唸，我在想，台灣的國中小學，是否也有三分之二的內容不必考？

教育教養 EP010C

# 自主學習，決定未來
## 從陪伴孩子到放手單飛的教養守則

國家圖書館出版品預行編目(CIP)資料

自主學習,決定未來：從陪伴孩子到放手單飛的教養守則 / 洪蘭著. -- 第一版. -- 臺北市：遠見天下文化, 2014.06
面；　公分. -- (教育教養；EP010C)
ISBN 978-986-320-493-0(平裝)

1.親職教育 2.子女教育

528.2　　103011359

作者 — 洪蘭
總編輯 — 吳佩穎
責任編輯 — 陳孟君
封面暨內頁設計 — 周家瑤

出版者 — 遠見天下文化出版股份有限公司
創辦人 — 高希均、王力行
遠見・天下文化・事業群　董事長 — 高希均
事業群發行人／CEO — 王力行
天下文化社長 — 林天來
天下文化總經理 — 林芳燕
國際事務開發部兼版權中心總監 — 潘欣
法律顧問 — 理律法律事務所陳長文律師
著作權顧問 — 魏啟翔律師
社址 — 台北市 104 松江路 93 巷 1 號 2 樓
讀者服務專線 —（02）2662-0012
傳　真 —（02）2662-0007；2662-0009
電子信箱 — cwpc@cwgv.com.tw
直接郵撥帳號 — 1326703-6 號　遠見天下文化出版股份有限公司

電腦排版 — 立全電腦印前排版有限公司
製版廠 — 東豪印刷事業有限公司
印刷廠 — 中原造像股份有限公司
裝訂廠 — 中原造像股份有限公司
登記證 — 局版台業字第 2517 號
總經銷 — 大和書報圖書股份有限公司　電話／(02)8990-2588
出版日期 — 2014 年 6 月 20 日第一版第 1 次印行
2023 年 3 月 21 日第三版第 4 次印行

定價 — NT$320
ISBN — 4713510946985
書號 — EP010C
天下文化官網 — bookzone.cwgv.com.tw

天下文化
BELIEVE IN READING